Titelrezept
Kirsch-Gugelhupf

Für den Hefeteig:
450 g Weizenmehl
1 Pck. Dr. Oetker Trockenbackhefe
100 g Zucker
1 Pck. Dr. Oetker Vanillin-Zucker
1 Prise Salz
2 Eier (Größe M)
75 g Butter oder Margarine
125 ml (⅛ l) lauwarme Schlagsahne

Für die Füllung:
1 Glas Sauerkirschen
   (Abtropfgewicht 350 g)
1 Pck. Rote-Grütze-Pulver
   (Dessertpulver)
25 g Zucker

Für den Guss:
150 g Puderzucker

Zubereitungszeit:
35 Minuten, ohne Abkühlzeit
Backzeit: etwa 55 Minuten

Insgesamt:
E: 73 g, F: 124 g, Kh: 719 g,
kJ: 18021, kcal: 4299

1. Für den Teig Mehl in eine Rührschüssel sieben und mit Trockenbackhefe sorgfältig vermischen. Zucker, Vanillin-Zucker, Salz, Eier, Butter oder Margarine und lauwarme Sahne hinzufügen.

2. Die Zutaten mit Handrührgerät mit Knethaken zunächst auf niedrigster, dann auf höchster Stufe in etwa 5 Minuten zu einem glatten Teig verarbeiten. Den Teig zugedeckt so lange an einem warmen Ort stehen lassen, bis er sich sichtbar vergrößert hat (etwa 30 Minuten).

3. Anschließend den Teig kurz durchkneten und auf der leicht bemehlten Arbeitsfläche zu einem Rechteck (30 x 50 cm) ausrollen.

4. Für die Füllung Kirschen in einem Sieb gut abtropfen lassen, Saft dabei auffangen und beiseite stellen. Die Hälfte der Kirschen pürieren. Rote-Grütze-Pulver mit Zucker vermischen und unter das Kirschpüree rühren.

5. Die Masse auf der Teigplatte verteilen und vorsichtig mit einem Messer verstreichen. Die übrigen Kirschen darauf verteilen und die Platte von der längeren Seite aus aufrollen.

6. Die Rolle in eine Napfkuchenform (Ø 24 cm, gefettet) geben und zugedeckt an einem warmen Ort nochmals so lange gehen lassen, bis sich der Teig sichtbar vergrößert hat. Die Form auf dem Rost in den Backofen schieben.

Ober-/Unterhitze: etwa 180 °C (vorgeheizt, unteres Drittel)
Heißluft: etwa 160 °C (nicht vorgeheizt)
Gas: Stufe 2–3 (nicht vorgeheizt)
Backzeit: etwa 45 Minuten.

7. Den Kuchen etwa 10 Minuten in der Form auf einem Kuchenrost stehen lassen, dann auf einen mit Backpapier belegten Kuchenrost stürzen und erkalten lassen.

8. Für den Guss Puderzucker sieben und mit so viel von dem Saft verrühren, dass eine dickflüssige Masse entsteht. Den Guss auf den Kuchen verteilen, so dass er in „Nasen" herunterläuft.

Dr. Oetker

Gugelhupf

Dr. Oetker

Gugelhupf

Dr. Oetker Verlag

Vorwort

Der Gugelhupf oder Napfkuchen ist allseits beliebt – ob klassisch oder fantasievoll.
Seine Form eignet sich besonders gut für Feierlichkeiten oder als beeindruckendes Mitbringsel.

Hier finden Sie den Gugelhupf in 45 Variationen: Klassisch mit Hefeteig oder Rührteig, hell oder dunkel, abwechslungsreich gefüllt, mit Schoko- oder Zuckerguss, mit Früchten oder Nüssen und mehr – da ist für jeden Geschmack und jeden Anlass etwas dabei.

Wie gewohnt sind auch diese Klassiker im neuen Gewand von Dr. Oetker erprobt und gelingen garantiert ganz einfach.

Einführung

Begriffserklärung

Der Gugelhupf oder Napfkuchen ist ein Kuchen, der in einer kugelförmigen oder kappen- bzw. kapuzenförmigen Form gebacken wird. Traditionell ist es ein Kuchen aus Hefeteig mit Rosinen.

Teigarten

In diesem Buch finden Sie neben dem klassischen Gugelhupf mit Hefeteig auch Kuchen aus Rührteig, Biskuitteig, Quark-Öl-Teig sowie aus Blätterteig in vielen Varianten. So werden die Teige zum Beispiel eingeschichtet oder ausgerollt und gefüllt wieder aufgerollt, aber auch ganz traditionell mit Früchten und Nüssen zubereitet.

Abkürzungen		
EL	=	Esslöffel
TL	=	Teelöffel
Msp.	=	Messerspitze
Pck.	=	Packung/Päckchen
g	=	Gramm
kg	=	Kilogramm
ml	=	Milliliter
l	=	Liter
evtl.	=	eventuell
geh.	=	gehäuft
gestr.	=	gestrichen
TK	=	Tiefkühlprodukt
°C	=	Grad Celsius
Ø	=	Durchmesser
E	=	Eiweiß
F	=	Fett
Kh	=	Kohlenhydrate
kcal	=	Kilokalorien
kJ	=	Kilojoule

Backformen

Die Gugelhupfe in diesem Buch werden in handelsüblichen Formen verschiedener Größe gebacken. Es gibt Rezepte für Formen von 16 bis 24 cm Durchmesser sowie für Mini-Gugelhupfformen (aus Silikon).
Jedes Rezept gibt an, wie die jeweilige Form vorbereitet werden soll, zum Beispiel, ob sie nach dem Fetten noch mit Mehl oder gehackten Nüssen ausgestreut werden soll.

Einschubhöhe im Backofen

Da Gugelhupfe hohe Gebäcke sind, ist es sinnvoll, den Rost, auf den die Form gestellt wird, im unteren Drittel des Backofens einzuschieben.

So bekommt der Teig ausreichend Ober- und Unterhitze.
Ausnahme: Mini-Gugelhupfe – sie sind so klein, dass man sie in der Mitte des Backofens einschieben kann.

Aufbewahrung

Kuchen aus Rührteig können im Allgemeinen gut verpackt über 2–3 Tage aufbewahrt werden. Oft werden sie dadurch eher noch aromatischer. Kuchen aus Hefe-, Quark-Öl- und Blätterteig schmecken frisch am besten, können aber auch einen Tag gut verpackt aufbewahrt werden. Die Aufbewahrungszeit ist abhängig von den Zutaten. Enthält der Kuchen viele Früchte oder hat er eine Cremefüllung, so muss er kühl aufbewahrt werden. Ohne Guss oder Füllung können die meisten Gugelhupfe gut eingefroren werden.

Weitere Angaben zu den Rezepten

Die Rezepte sind in der Dr. Oetker Versuchsküche entwickelt und getestet worden. Sie sind ausführlich und leicht nachvollziehbar beschrieben und sind übersichtlich in Punkte gegliedert.
Die Zutaten sind in der Reihenfolge des Gebrauchs in einer Spalte aufgeführt, so dass die benötigten Zutaten schnell überprüft werden können.
Die Rezepte enthalten übersichtlich die Backzeit und die Zubereitungszeit sowie Nährwertangaben.
Jeder Kuchen ist gegenüber dem Rezept ganzseitig abgebildet. Wo das hilfreich ist, enthalten einige Rezepte ein Arbeitsfoto, das die Beschreibung verdeutlicht.

Tipps

Viele Rezepte werden durch hilfreiche Tipps ergänzt:
Ist der Kuchen gefriergeeignet?
Kann der Alkohol im Teig ersetzt werden?
Ist die Zubereitung in einer anderen Form möglich?
Kann der Kuchen anders verziert werden?
Ist eine andere Füllung möglich?

Hinweise zu den Rezepten
Lesen Sie bitte vor der Zubereitung – besser noch vor dem Einkaufen – das Rezept einmal vollständig durch. Oft werden Arbeitsabläufe oder -zusammenhänge dann klarer.

Die in den Rezepten angegebenen Backtemperaturen und -zeiten sind Richtwerte, die je nach individueller Hitzeleistung des Backofens über- oder unterschritten werden können. Bitte beachten Sie deshalb bei der Einstellung des Backofens die Gebrauchsanweisung des Herstellers und machen Sie nach Beendigung der Backzeit eine Garprobe.

Zubereitungszeiten
Die Zubereitungszeit beinhaltet nur die Zeit für die eigentliche Zubereitung, die Backzeiten sind gesondert ausgewiesen. Längere Wartezeiten, wie z. B. Kühlzeiten, sind ebenfalls nicht mit einbezogen.

Fruchtige Gugelhupfe

Durch Apfel, Birne, Kirsche und Co. werden die beliebten Napfkuchen besonders saftig und bieten dabei viel Abwechslung.

Für Gäste | *Saftiger Apfel-Mandel-Kuchen*

1 Für den Teig Mandeln in einer beschichteten Pfanne ohne Fett goldgelb rösten und auf einem Teller erkalten lassen, 25 g davon zum Garnieren beiseite stellen. Äpfel waschen, vierteln, schälen, entkernen und in kleine Stückchen schneiden.

2 Butter oder Margarine in einer Rührschüssel mit Handrührgerät mit Rührbesen geschmeidig rühren. Nach und nach Zucker, Vanillin-Zucker, Salz und Aroma unterrühren. So lange rühren, bis eine gebundene Masse entstanden ist.

3 Eier nach und nach unterrühren (jedes Ei etwa ½ Minute). Mehl mit Backin mischen, sieben und in 2 Portionen auf mittlerer Stufe unterrühren. Zuletzt Äpfel und Mandeln unterheben.

4 Den Teig in eine Gugelhupfform (Ø 22 cm, gefettet, gemehlt) geben und glatt streichen. Die Form auf dem Rost in den Backofen schieben.

Ober-/Unterhitze: etwa 180 °C (vorgeheizt, unteres Drittel)
Heißluft: etwa 160 °C (nicht vorgeheizt)
Gas: Stufe 2–3 (nicht vorgeheizt)
Backzeit: etwa 60 Minuten.

5 Kuchen 10 Minuten in der Form stehen lassen, dann auf einen Kuchenrost stürzen und erkalten lassen.

6 Aprikosenkonfitüre durch ein Sieb streichen und in einem kleinen Topf kurz aufkochen lassen. Den Kuchen mit Hilfe eines Backpinsels damit bestreichen. Puderzucker nach und nach mit nur so viel Saft verrühren, dass ein dickflüssiger Guss entsteht.

7 Den Guss in einen kleinen Gefrierbeutel geben, eine kleine Ecke abschneiden und über den Kuchen sprenkeln. Beiseite gestellte gehobelte Mandeln aufstreuen und den Guss fest werden lassen.

Tipp:
Sie können den Guss statt mit Apfelsaft auch mit Wasser zubereiten.
Der Kuchen lässt sich ohne Guss sehr gut einfrieren.

Für den Rührteig:
- 100 g abgezogene, gehobelte Mandeln
- 300 g Äpfel, z. B. Elstar, Braeburn
- 150 g weiche Butter oder Margarine
- 225 g Zucker
- 1 Pck. Dr. Oetker Vanillin-Zucker
- 1 Prise Salz
- 1 Pck. Dr. Oetker Finesse Amaretto-Bittermandel-Aroma
- 4 Eier (Größe M)
- 300 g Weizenmehl
- 3 gestr. TL Dr. Oetker Backin

Außerdem:
- 200 g Aprikosenkonfitüre
- 75 g Puderzucker
- 2–3 TL Apfelsaft

Zubereitungszeit:
45 Minuten, ohne Abkühlzeit
Backzeit: etwa 60 Minuten

Insgesamt:
E: 82 g, F: 212 g, Kh: 695 g,
kJ: 21004, kcal: 5017

Früchte-Gugelhupf Raffiniert

Zum Vorbereiten:
- 1 Pck. (200 g) Caribic Royal Knabbermischung (von Seeberger)

Für den All-in-Teig:
- 450 g Weizenmehl (Type 550)
- 4 gestr. TL Dr. Oetker Backin
- 180 g Zucker
- 1 Pck. Dr. Oetker Vanillin-Zucker
- 1 Pck. Dr. Oetker Finesse Geriebene Zitronenschale
- 1 Prise Salz
- 4 Eier (Größe M)
- 180 g weiche Butter oder Margarine
- 300 ml Maracuja-Mango-Nektar

Für den Guss:
- 100 g Puderzucker
- 1–2 EL Maracuja-Mango-Nektar

1 Zum Vorbereiten nach Belieben Nuss-, Mandel- und Kokosstücke von den Fruchtstücken trennen, Nusskerne fein hacken und in einer Pfanne ohne Fett goldbraun rösten und abkühlen lassen. Restliche Knabbermischung (Früchte) etwas klein hacken.

2 Für den Teig Mehl mit Backin mischen und in eine Rührschüssel sieben. Zucker, Vanillin-Zucker, Zitronenschale, Salz, Eier, Butter oder Margarine und Nektar hinzufügen. Die Zutaten mit Handrührgerät mit Rührbesen zunächst kurz auf niedrigster, dann auf höchster Stufe in etwa 2 Minuten zu einem glatten Teig verarbeiten. Fruchtstücke und die gerösteten Nussstückchen kurz unterrühren.

3 Den Teig in eine Gugelhupfform (Ø 22 cm, gefettet, gemehlt) geben und glatt streichen. Die Form auf dem Rost in den Backofen schieben.

Ober-/Unterhitze: etwa 180 °C (vorgeheizt, unteres Drittel)
Heißluft: etwa 160 °C (nicht vorgeheizt)
Gas: Stufe 2–3 (nicht vorgeheizt)
Backzeit: etwa 55 Minuten.

4 Die Form auf einen Kuchenrost stellen. Den Gugelhupf etwa 10 Minuten in der Form stehen lassen, dann auf einen Kuchenrost stürzen und erkalten lassen.

5 Für den Guss Puderzucker mit Nektar zu einer dickflüssigen Masse verrühren. Den Gugelhupf damit bestreichen oder besprenkeln. Guss fest werden lassen.

Tipp:
Der Kuchen ist ohne Guss gefriergeeignet.
Die Caribic-Royal-Mischung enthält etwa 165 g getrocknete Früchte wie Papayas, Ananas (gesüßt), Weinbeeren, Sultaninen und Äpfel und außerdem etwa 35 g gemischte Nusskerne wie Cashewkerne, Mandeln und Kokoschips. Statt der Früchtemischung können auch getrocknete, klein geschnittene Aprikosen oder Pflaumen verwendet werden. Die Nussmischung kann durch gehackte Mandeln, Nusskerne oder Kokosraspel ersetzt werden.

Zubereitungszeit:
30 Minuten, ohne Abkühlzeit
Backzeit: etwa 55 Minuten

Insgesamt:
E: 86 g, F: 236 g, Kh: 778 g,
kJ: 23230, kcal: 5543

Birnen-Cranberry-Kuchen | Mit Alkohol

Für den Rührteig:
- 400 g Löffelbiskuits
- 1 Dose Birnenhälften (Abtropfgewicht 460 g)
- 100 g Zartbitterschokolade
- 8 Eiweiß (Größe M)
- 125 g weiche Butter oder Margarine
- 60 g Zucker
- 1 Pck. Dr. Oetker Vanillin-Zucker
- 8 Eigelb (Größe M)
- 1 gestr. TL Dr. Oetker Backin
- 100 g getrocknete Cranberries

Für den Guss:
- 1 Beutel (15 g) Gelatine-Fix
- 1 EL Zucker
- 2 EL Birnengeist
- 25 g getrocknete Cranberries

Zubereitungszeit: 45 Minuten, ohne Abkühlzeit
Backzeit: etwa 50 Minuten

Insgesamt:
E: 129 g, F: 227 g, Kh: 604 g, kJ: 21109, kcal: 5037

1 Für den Teig Löffelbiskuits in einen großen Gefrierbeutel geben, ihn verschließen und die Biskuits mit einer Teigrolle fein zerbröseln. 2 Esslöffel Brösel abnehmen und für die Form beiseite legen. Birnen in einem Sieb gut abtropfen lassen, 200 g davon beiseite stellen, die übrigen Früchte klein würfeln. Schokolade in feine Stücke hacken. Eiweiß so steif schlagen, dass ein Messerschnitt sichtbar bleibt.

2 Butter oder Margarine in einer Rührschüssel mit Handrührgerät mit Rührbesen auf höchster Stufe geschmeidig rühren. Nach und nach Zucker und Vanillin-Zucker unterrühren. So lange rühren, bis eine gebundene Masse entstanden ist. Eigelb nach und nach auf höchster Stufe unterrühren. Biskuitbrösel mit Backin mischen und in 2 Portionen auf mittlerer Stufe unterrühren.

3 Birnenwürfel, Schokolade und Cranberries ebenfalls unterrühren. Zuletzt Eischnee unterheben. Eine Gugelhupfform (Ø 24 cm, gefettet) mit den beiseite gestellten Biskuitbröseln ausstreuen, den Teig einfüllen und glatt streichen. Die Form auf dem Rost in den Backofen schieben.

Ober-/Unterhitze: etwa 180 °C (vorgeheizt, unteres Drittel)
Heißluft: etwa 160 °C (nicht vorgeheizt)
Gas: Stufe 2–3 (nicht vorgeheizt)
Backzeit: etwa 50 Minuten.

4 Den Kuchen 10 Minuten in der Form stehen lassen, dann auf einen Kuchenrost stürzen und erkalten lassen.

5 Für den Guss beiseite gestellte Birnen pürieren, Gelatine-Fix mit einem Schneebesen in 1 Minute einrühren, danach Zucker und Birnengeist unterrühren. Den Guss mit einem Löffel vorsichtig über den Gugelhupf geben, Cranberries auflegen und den Guss fest werden lassen.

Tipp:
Der Kuchen kann gut eingefroren werden.
Sie können den Kuchen auch mit einem Puderzuckerguss verzieren. Dann jedoch für den Teig nur eine kleine Dose Birnen (Abtropfgewicht 230 g) verwenden und keine Birnen beiseite stellen. Für den Guss 150 g Puderzucker mit 2-3 Esslöffeln Birnensaft aus der Dose zu einer dickflüssigen Masse verrühren, auf dem Kuchen verteilen und mit Cranberries belegen. Anstelle von Birnengeist können Sie Wasser oder Birnensaft aus der Dose verwenden.

Orangen-Gugelhupf Mit Alkohol

Für den All-in-Teig:
- 250 g Weizenmehl
- 1 Pck. Dr. Oetker Backin
- 1 Pck. Dr. Oetker Pudding-Pulver Vanille-Geschmack
- 200 g Zucker
- 1 Pck. Dr. Oetker Bourbon-Vanille-Zucker
- 1 Prise Salz
- 5 Eier (Größe M)
- Saft von 1 Orange
- Saft von 1 Zitrone
- 1 Pck. Dr. Oetker Finesse Orangenfrucht
- 1 Pck. Dr. Oetker Finesse Geriebene Zitronenschale
- 250 g weiche Butter oder Margarine

Zum Tränken und Garnieren:
- Saft und Schale von 1 Bio-Orange (unbehandelt, ungewachst)
- 1 Pck. Dr. Oetker Bourbon-Vanille-Zucker
- 2 Sternanis
- 100 ml Orangenlikör
- 2 EL Zucker

1 Für den Teig Mehl mit Backin und Pudding-Pulver mischen und in eine Rührschüssel sieben. Übrige Zutaten hinzufügen und alles mit Handrührgerät mit Rührbesen kurz auf niedrigster, dann auf höchster Stufe in 2 Minuten zu einem glatten Teig verarbeiten.

2 Den Teig in eine Gugelhupfform (Ø 22 cm, gefettet, gemehlt) geben und glatt streichen. Die Form auf dem Rost in den Backofen schieben.

Ober-/Unterhitze: etwa 180 °C (vorgeheizt, unteres Drittel)
Heißluft: etwa 160 °C (nicht vorgeheizt)
Gas: Stufe 2–3 (nicht vorgeheizt)
Backzeit: etwa 50 Minuten.

3 Zum Tränken und Garnieren Orange gründlich waschen und abtrocknen. Die Orange mit einem Zestenreißer schälen oder mit einem scharfen Messer dünn abschälen und die Schale in feine Streifen schneiden. Orange halbieren und den Saft auspressen.

4 Orangensaft und -schale mit Vanille-Zucker und Sternanis in einem kleinen Topf aufkochen lassen, von der Kochstelle nehmen und Orangenlikör unterrühren. Den Sud durch ein Sieb gießen und auffangen. Orangenschalen und Sternanis auf Küchenpapier abtropfen lassen.

5 Die Form auf einen Kuchenrost stellen. Den heißen Kuchen mit einem Holzstäbchen mehrmals einstechen und mit der Hälfte des Orangen-Gewürz-Suds tränken. Den Kuchen vorsichtig auf einen mit Backpapier belegten Kuchenrost stürzen. Die andere Kuchenseite ebenfalls mit einem Holzstäbchen einstechen und mit dem restlichen Orangen-Gewürz-Sud tränken. Kuchen erkalten lassen.

6 Die abgetropften Orangenschalen in dem Zucker wälzen. Den Kuchen vor dem Servieren mit den gezuckerten Orangenschalen und Sternanis garnieren.

Tipp:
Sie können den Orangenlikör durch Orangensaft ersetzen.

Zubereitungszeit: 40 Minuten, ohne Abkühlzeit
Backzeit: etwa 50 Minuten

Insgesamt:
E: 74 g, F: 247 g, Kh: 520 g, kJ: 20523, kcal: 4904

Studentenfutter-Hupf   Beliebt

Für den Quark-Öl-Teig:
- 350 g Weizenmehl
- 1 Pck. Dr. Oetker Backin
- 80 g Zucker
- 1 Pck. Dr. Oetker Bourbon-Vanille-Zucker
- 125 g Speisequark (Magerstufe)
- 100 ml Milch
- 100 ml Speiseöl, z. B. Sonnenblumenöl

Für die Füllung:
- 1 kleine Dose Aprikosen (Abtropfgewicht 240 g)
- 100 ml Aprikosensaft aus der Dose
- 100 g Studentenfutter (Nuss-Rosinen-Mischung)
- 1 Pck. backfeste Puddingcreme
- 150 ml Milch

Außerdem:
- 2 EL Aprikosenkonfitüre
- 1 EL Wasser

1 Für den Teig Mehl mit Backin mischen und in eine Rührschüssel sieben. Übrige Zutaten hinzufügen und alles mit Handrührgerät mit Knethaken zuerst auf niedrigster, dann auf höchster Stufe kurz zu einem glatten Teig verarbeiten (nicht zu lange kneten, Teig klebt sonst). Anschließend den Teig auf der bemehlten Arbeitsfläche zu einer Rolle formen.

2 Für die Füllung Aprikosen in einem Sieb gut abtropfen lassen, Saft dabei auffangen und 100 ml davon abmessen. 2 Esslöffel von dem Studentenfutter zum Garnieren beiseite legen, restliches Studentenfutter klein hacken. Aprikosen in kleine Stückchen schneiden. Puddingcreme nach Packungsanleitung, aber mit 100 ml Aprikosensaft und 150 ml Milch zubereiten. Aprikosenstückchen und Studentenfutter unterheben.

3 Die Teigrolle auf der leicht bemehlten Arbeitsfläche zu einem Rechteck (40 x 30 cm) ausrollen. Die Füllung darauf verstreichen, dabei einen Rand von etwa 2 cm frei lassen. Dann den Teig von der langen Seite aus aufrollen und die Rolle in eine Gugelhupfform (Ø 22 cm, gefettet, gemehlt) legen. Die Form auf dem Rost in den Backofen schieben.

Ober-/Unterhitze: etwa 180 °C (vorgeheizt, unteres Drittel)
Heißluft: etwa 160 °C (nicht vorgeheizt)
Gas: Stufe 2–3 (nicht vorgeheizt)
Backzeit: etwa 55 Minuten.

4 Den Kuchen zunächst 30 Minuten in der Form auf einem Kuchenrost stehen lassen, dann auf einen Kuchenrost stürzen und vollständig erkalten lassen (wenn der Kuchen zu früh gestürzt wird, kann er etwas zusammensacken).

5 Aprikosenkonfitüre durch ein Sieb streichen und mit dem Wasser in einem Topf unter Rühren aufkochen lassen. Den Hupf mit der Konfitüre bestreichen und mit dem beiseite gelegten Studentenfutter bestreuen.

Tipp:
Sie können den Hupf gut einfrieren.

Zubereitungszeit: 40 Minuten, ohne Abkühlzeit
Backzeit: etwa 55 Minuten

Insgesamt:
E: 77 g, F: 143 g, Kh: 549 g,
kJ: 15934, kcal: 3806

Mandarinen-Käsekuchen | Einfach

Für den Teig:
- 1 Dose Mandarinen (Abtropfgewicht 175 g)
- 2 Eiweiß (Größe M)
- 125 g weiche Butter oder Margarine
- 100 g Zucker
- 1 Pck. Dr. Oetker Vanillin-Zucker
- 1 Pck. Dr. Oetker Finesse Orangenfrucht
- 2 Eigelb (Größe M)
- 500 g Speisequark (Magerstufe)
- 50 g Maisgrieß
- 3 EL Zitronensaft
- 1 Pck. Käsekuchenhilfe

Außerdem:
- etwa 1 EL Maisgrieß für die Form

1 Für den Teig Mandarinen in einem Sieb gut abtropfen lassen, 8–10 Stück zum Garnieren beiseite legen. Eiweiß so steif schlagen, dass ein Messerschnitt sichtbar bleibt.

2 Butter oder Margarine in einer Rührschüssel mit Handrührgerät mit Rührbesen geschmeidig rühren. Nach und nach Zucker, Vanillin-Zucker, Orangenfrucht und Eigelb unter Rühren hinzufügen. Quark unterrühren.

3 Mandarinen mit Grieß mischen und abwechselnd mit dem Zitronensaft unter die Quarkmasse rühren. Käsekuchenhilfe unterrühren. Eischnee vorsichtig unter die Masse heben.

4 Den Teig in eine Gugelhupfform (Ø 18 cm, gefettet, mit Maisgrieß ausgestreut) füllen und glatt streichen (die Form ist gut gefüllt). Die Form auf dem Rost in den Backofen schieben.

Ober-/Unterhitze: etwa 180 °C (vorgeheizt, unteres Drittel)
Heißluft: etwa 160 °C (nicht vorgeheizt)
Gas: Stufe 2–3 (nicht vorgeheizt)
Backzeit: etwa 55 Minuten.

5 Kuchen nach dem Backen etwa 15 Minuten in der Form stehen lassen, dann auf einen mit Backpapier belegten Kuchenrost stürzen und erkalten lassen.

6 Vor dem Servieren den Kuchen mit den beiseite gelegten Mandarinen garnieren.

Tipp:
Den Kuchen nach dem Erkalten kalt gestellt aufbewahren.
Genießen Sie den Kuchen lauwarm mit Vanillesauce, der Sie nach Belieben etwas Cointreau (Orangenlikör) hinzufügen können.

Zubereitungszeit: 30 Minuten
Backzeit: etwa 55 Minuten

Insgesamt:
E: 88 g, F: 124 g, Kh: 262 g,
kJ: 10681, kcal: 2547

Preiselbeer-Gugelhupf

Raffiniert – gut vorzubereit

Zum Vorbereiten:
- 100 g abgezogene, gestiftelte Mandeln
- 1 Glas Wild-Preiselbeer-Dessert (Abtropfgewicht 175 g)

Für den Rührteig:
- 250 g weiche Butter oder Margarine
- 225 g Zucker
- 1 Pck. Dr. Oetker Vanillin-Zucker
- 1 Prise Salz
- 4 Eier (Größe M)
- 400 g Weizenmehl
- 4 gestr. TL Dr. Oetker Backin

Für den Guss:
- 1–2 EL Zitronensaft
- 200 g Puderzucker

1 Zum Vorbereiten Mandeln in einer Pfanne ohne Fett goldbraun rösten und auf einem Teller erkalten lassen. Preiselbeeren in einem Sieb gut abtropfen lassen, 1–2 Esslöffel Preiselbeeren für den Guss beiseite stellen.

2 Für den Teig Butter oder Margarine in einer Rührschüssel mit Handrührgerät mit Rührbesen auf höchster Stufe geschmeidig rühren. Nach und nach Zucker, Vanillin-Zucker und Salz unterrühren. So lange rühren, bis eine gebundene Masse entstanden ist.

3 Eier nach und nach unterrühren (jedes Ei etwa ½ Minute). Mehl mit Backin mischen, sieben und in 2 Portionen auf mittlerer Stufe unterrühren. Preiselbeeren und die gerösteten Mandeln kurz unterrühren.

4 Den Teig in eine Gugelhupfform (Ø 22 cm, gefettet) geben und glatt streichen. Die Form auf dem Rost in den Backofen schieben.

Ober-/Unterhitze: etwa 180 °C (vorgeheizt, unteres Drittel)
Heißluft: etwa 160 °C (nicht vorgeheizt)
Gas: Stufe 2–3 (nicht vorgeheizt)
Backzeit: etwa 60 Minuten.

5 Den Gugelhupf 10 Minuten in der Form abkühlen lassen, dann aus der Form lösen und auf einen Kuchenrost stürzen. Den Gugelhupf erkalten lassen.

6 Für den Guss die beiseite gestellten Preiselbeeren mit Zitronensaft vermischen und durch ein Sieb streichen. Aufgefangenes Püree mit Puderzucker verrühren. Den Kuchen mit dem Guss bestreichen und fest werden lassen.

Tipp:
Der Kuchen ist ohne Guss gefriergeeignet.

Zubereitungszeit:
35 Minuten, ohne Abkühlzeit
Backzeit: etwa 60 Minuten

Insgesamt:
E: 96 g, F: 291 g, Kh: 770 g,
kJ: 26487, kcal: 6328

Whisky-Früchtekuchen

Gut vorzubereiten – mit Alkohol

Zum Vorbereiten:
- 500 g gemischte getrocknete Früchte, z. B. Birnen, Feigen, Rosinen, Datteln, Aprikosen
- 250 g gemischte kandierte Früchte, z. B. Kirschen rot und grün, Orangen, Ingwer, Ananas, Zitronat
- 225 ml Whisky

Für den Rührteig:
- 225 g weiche Butter oder Margarine
- 250 g brauner Zucker
- 2 Pck. Dr. Oetker Bourbon-Vanille-Zucker
- 6 Eier (Größe M)
- 350 g Weizenmehl
- 3 gestr. TL Dr. Oetker Backin
- 100 g fein gehackte Pekannusskerne
- 100 g ganze Pekannusskerne
- 100 g abgezogene, gemahlene Mandeln

1 Zum Vorbereiten die Früchte klein schneiden, mit Whisky übergießen und zugedeckt über Nacht durchziehen lassen.

2 Für den Teig Butter oder Margarine in einer großen Rührschüssel mit Handrührgerät mit Rührbesen auf höchster Stufe geschmeidig rühren. Nach und nach Zucker und Vanille-Zucker unterrühren. So lange rühren, bis eine gebundene Masse entstanden ist.

3 Eier nach und nach unterrühren (jedes Ei etwa ½ Minute). Mehl mit Backin mischen, sieben und in 2 Portionen auf mittlerer Stufe unterrühren. Die vorbereiteten Früchte, gehackte und ganze Pekannusskerne und Mandeln kurz unterrühren.

4 Den Teig in eine Gugelhupfform (Ø 24 cm, gefettet, gemehlt) füllen. Die Form auf dem Rost in den Backofen schieben.

Ober-/Unterhitze: etwa 160 °C (vorgeheizt, unteres Drittel)
Heißluft: etwa 140 °C (nicht vorgeheizt)
Gas: Stufe 1–2 (nicht vorgeheizt)
Backzeit: etwa 110 Minuten (Kuchen nach etwa 60 Minuten mit Backpapier zudecken).

5 Den Kuchen kurz in der Form stehen lassen, dann auf einen Kuchenrost stürzen und erkalten lassen.

Tipp:
Der Früchtekuchen hält sich in Folie verpackt und kühl gelagert etwa 2 Wochen. Sie können den Kuchen mit einem Guss aus 100 g Puderzucker und 2–3 Esslöffeln Whisky bestreichen und mit kandierten und getrockneten Früchten garnieren.

Zubereitungszeit: 60 Minuten, ohne Durchziehzeit
Backzeit: etwa 110 Minuten

Insgesamt:
E: 128 g, F: 422 g, Kh: 947 g, kJ: 37949, kcal: 9052

Walnuss-Trauben-Kuchen | Zum Verschenken

Für den Rührteig:

- 175 g Walnusskernhälften
- 300 g kernlose grüne Weintrauben
- 200 g weiche Butter oder Margarine
- 200 g Zucker
- 1 Pck. Dr. Oetker Vanillin-Zucker
- 1 Prise Salz
- 5 Eier (Größe M)
- 500 g Weizenmehl
- 1 Pck. Dr. Oetker Backin
- 3 EL Milch
- 1 Becher (150 g) Crème fraîche

Für die Form:

- einige Walnusskernhälften

1 Für den Teig Walnusskerne grob hacken, in einer beschichteten Pfanne ohne Fett rösten und auf einem Teller erkalten lassen. Weintrauben waschen, abtropfen lassen, entstielen und mit Küchenpapier trockentupfen.

2 Butter oder Margarine in einer Rührschüssel mit Handrührgerät mit Rührbesen geschmeidig rühren. Nach und nach Zucker, Vanillin-Zucker und Salz unterrühren. So lange rühren, bis eine gebundene Masse entstanden ist.

3 Eier nach und nach unterrühren (jedes Ei etwa ½ Minute). Mehl mit Backin mischen, sieben und in 2 Portionen abwechselnd mit der Milch auf mittlerer Stufe unterrühren. Crème fraîche ebenfalls kurz unterrühren. Zuletzt Walnusskerne und Trauben unterheben.

4 In jede Vertiefung einer Gugelhupfform (Ø 24 cm, gefettet, gemehlt) eine Walnusskernhälfte legen. Teig vorsichtig darauf geben und glatt streichen. Die Form auf dem Rost in den Backofen schieben.

Ober-/Unterhitze: etwa 180 °C (vorgeheizt, unteres Drittel)
Heißluft: etwa 160 °C (nicht vorgeheizt)
Gas: Stufe 2–3 (nicht vorgeheizt)
Backzeit: etwa 65 Minuten.

5 Kuchen etwa 10 Minuten in der Form stehen lassen, dann auf einen Kuchenrost stürzen und erkalten lassen.

Tipp:
Bestäuben Sie den Kuchen vor dem Servieren mit Puderzucker.

Zubereitungszeit: 60 Minuten
Backzeit: etwa 65 Minuten

Insgesamt:
E: 128 g, F: 383 g, Kh: 647 g,
kJ: 27286, kcal: 6522

Schoko-Kirsch-Napfkuchen | Schnell zubereitet

Für den All-in-Teig:
- 1 Glas Sauerkirschen (Abtropfgewicht 350 g)
- 200 g Weizenmehl
- 2 Pck. Dr. Oetker Pudding-Pulver Schokoladen-Geschmack
- 1 Pck. Dr. Oetker Backin
- 100 g Zucker
- 1 Pck. Dr. Oetker Vanillin-Zucker
- 5 Eier (Größe M)
- 150 ml Speiseöl
- 125 ml (⅛ l) Buttermilch
- 100 g Raspelschokolade

Zum Bestäuben:
- Puderzucker

1 Für den Teig Sauerkirschen in einem Sieb gut abtropfen lassen. Mehl mit Pudding-Pulver und Backin mischen und in eine Rührschüssel sieben. Zucker, Vanillin-Zucker, Eier, Speiseöl und Buttermilch hinzufügen. Die Zutaten in 2 Minuten mit Handrührgerät mit Rührbesen auf höchster Stufe zu einem Teig verarbeiten.

2 Raspelschokolade und Sauerkirschen vorsichtig unterheben. Den Teig in eine Gugelhupfform (Ø 22 cm, gefettet, gemehlt) füllen. Die Form auf dem Rost in den Backofen schieben.

Ober-/Unterhitze: etwa 180 °C (vorgeheizt, unteres Drittel)
Heißluft: etwa 160 °C (nicht vorgeheizt)
Gas: Stufe 2–3 (nicht vorgeheizt)
Backzeit: etwa 75 Minuten.

3 Den Kuchen nach dem Backen noch 10 Minuten in der Form stehen lassen, dann aus der Form lösen, auf einen Kuchenrost stürzen und erkalten lassen. Vor dem Servieren den Kuchen mit Puderzucker bestäuben.

Tipp:
Der Kuchen lässt sich gut einfrieren.
Den Kuchen mit 100 g aufgelöster Zartbitterschokolade überziehen, so dass der Guss in dicken „Nasen" herunterläuft.
Er schmeckt auch mit einem Kirschsaft-Puderzucker-Guss aus 150 g Puderzucker und etwa 2 Esslöffeln Kirschsaft.

Zubereitungszeit: 25 Minuten
Backzeit: etwa 75 Minuten

Insgesamt:
E: 75 g, F: 214 g, Kh: 458 g,
kJ: 16970, kcal: 4047

Saftiger Bananenhupf — Beliebt

Für den Rührteig:

- 250 g weiche Butter oder Margarine
- 150 g Zucker
- 1 Pck. Dr. Oetker Bourbon-Vanille-Zucker
- 1 Prise Salz
- 1–2 gestr. TL gemahlener Zimt
- 4 Eier (Größe M)
- 200 g Weizenmehl
- 50 g Speisestärke
- 3 gestr. TL Dr. Oetker Backin
- 100 ml Bananennektar
- 2 reife Bananen

Für den Guss:

- 175 g Puderzucker
- ½ gestr. TL gemahlener Zimt
- etwa 3 EL Bananennektar

1 Für den Teig Butter oder Margarine in einer Rührschüssel mit Handrührgerät mit Rührbesen auf höchster Stufe geschmeidig rühren. Nach und nach Zucker, Vanille-Zucker, Salz und Zimt unterrühren. So lange rühren, bis eine gebundene Masse entstanden ist.

2 Eier nach und nach unterrühren (jedes Ei etwa ½ Minute). Mehl mit Speisestärke und Backin mischen, sieben und in 2 Portionen abwechselnd mit dem Bananennektar auf mittlerer Stufe unterrühren.

3 Den Teig in eine Gugelhupfform (Ø 24 cm, gefettet, gemehlt) geben und glatt streichen. Bananen schälen, in der Mitte durchschneiden und waagerecht in den Teig drücken. Die Form auf dem Rost in den Backofen schieben.

Ober-/Unterhitze: etwa 180 °C (vorgeheizt, unteres Drittel)
Heißluft: etwa 160 °C (nicht vorgeheizt)
Gas: Stufe 2–3 (nicht vorgeheizt)
Backzeit: etwa 60 Minuten.

4 Kuchen nach dem Backen etwa 10 Minuten in der Form abkühlen lassen, dann auf einen Kuchenrost stürzen und erkalten lassen.

5 Für den Guss Puderzucker mit Zimt in einer kleinen Schale vermischen. Nach und nach Bananennektar hinzufügen und zu einem streichfähigen Guss verrühren. Den Guss auf den Kuchen geben und mit Hilfe eines Backpinsels verstreichen.

Tipp:
Sie können den Kuchen auch in einer Springform mit Rohrboden (Ø 26 cm) zubereiten. Der Kuchen ist gefriegeeignet.

Zubereitungszeit: 30 Minuten, ohne Abkühlzeit
Backzeit: etwa 60 Minuten

Insgesamt:
E: 55 g, F: 239 g, Kh: 588 g, kJ: 19793, kcal: 4726

Stachelbeer-Napfkuchen | Einfach – gut vorzubereit

Zum Vorbereiten:
1 Glas Stachelbeeren (Abtropfgewicht 390 g)

Für den Rührteig:
250 g weiche Butter oder Margarine
250 g Kandisfarin (brauner Zucker)
1 Pck. Dr. Oetker Bourbon-Vanille-Zucker
4 Tropfen Zitronen-Aroma
½ gestr. TL gemahlener Zimt
3 Eier (Größe M)
350 g Weizenmehl
25 g Speisestärke
2 gestr. TL Dr. Oetker Backin
3 EL Stachelbeersaft aus dem Glas
50 g abgezogene, gemahlene Mandeln

Für die Form:
1 EL abgezogene, gemahlene Mandeln

Für den Guss:
100 g Puderzucker
etwa 2 EL Stachelbeersaft
nach Belieben 2 Tropfen gelbe Speisefarbe

1 Zum Vorbereiten Stachelbeeren in einem Sieb gut abtropfen lassen, den Saft dabei auffangen und davon 3 Esslöffel für den Teig und 2 Esslöffel zum Verzieren abmessen und beiseite stellen.

2 Für den Teig Butter oder Margarine in einer Rührschüssel mit Handrührgerät mit Rührbesen auf höchster Stufe geschmeidig rühren. Nach und nach Kandisfarin, Vanille-Zucker, Aroma und Zimt unterrühren. So lange rühren, bis eine gebundene Masse entstanden ist.

3 Eier nach und nach unterrühren (jedes Ei etwa ½ Minute). Mehl mit Speisestärke und Backin mischen, sieben und in 2 Portionen abwechselnd mit dem Stachelbeersaft auf mittlerer Stufe unterrühren. Zuletzt Mandeln und Stachelbeeren unterheben.

4 Den Teig in eine Gugelhupfform (Ø 24 cm, gefettet, mit Mandeln ausgestreut) füllen. Die Form auf dem Rost in den Backofen schieben.

Ober-/Unterhitze: etwa 180 °C (vorgeheizt, unteres Drittel)
Heißluft: etwa 160 °C (nicht vorgeheizt)
Gas: Stufe 2–3 (nicht vorgeheizt)
Backzeit: etwa 65 Minuten.

5 Den Kuchen 10 Minuten in der Form stehen lassen, dann auf einen Kuchenrost stürzen. Kuchen erkalten lassen.

6 Zum Bestreichen Puderzucker mit Stachelbeersaft und nach Belieben etwas Speisefarbe zu einem dickflüssigen Guss verrühren. Den Kuchen damit so überziehen, dass der Guss in dicken „Nasen" herunterläuft.

Tipp:
Sie können den Napfkuchen ohne Guss einfrieren.

Zubereitungszeit:
30 Minuten, ohne Abkühlzeit
Backzeit: etwa 65 Minuten

Insgesamt:
E: 75 g, F: 258 g, Kh: 682 g, kJ: 23159, kcal: 5533

Aprikosen-Quark-Gugelhupf

Gut vorzubereiten

Zum Vorbereiten:
1 kleine Dose Aprikosenhälften (Abtropfgewicht 240 g)

Für den Rührteig:
100 g weiche Butter oder Margarine
150 g Zucker
1 Pck. Dr. Oetker Vanillin-Zucker
1 Prise Salz
4 Tropfen Bittermandel-Aroma
3 Eier (Größe M)
125 g Speisequark (Magerstufe)
1 EL Zitronensaft
300 g Weizenmehl
1 Pck. Dr. Oetker Backin

etwa 15 ganze abgezogene Mandeln

Zum Bestreichen:
2 EL Aprikosenkonfitüre
2 EL Wasser

1 Zum Vorbereiten Aprikosenhälften in einem Sieb gut abtropfen lassen und in kleine Stücke schneiden.

2 Für den Teig Butter oder Margarine in einer Rührschüssel mit Handrührgerät mit Rührbesen auf höchster Stufe geschmeidig rühren. Nach und nach Zucker, Vanillin-Zucker, Salz und Aroma unterrühren. So lange rühren, bis eine gebundene Masse entstanden ist.

3 Eier nach und nach unterrühren (jedes Ei etwa ½ Minute). Quark und Zitronensaft unterrühren. Mehl mit Backin mischen, sieben und in 2 Portionen auf mittlerer Stufe unterrühren. Aprikosenstücke untermischen.

4 In jede Vertiefung einer Gugelhupfform (Ø 22 cm, gefettet) eine Mandel legen. Den Teig vorsichtig darauf geben und glatt streichen. Die Form auf dem Rost in den Backofen schieben.

Ober-/Unterhitze: etwa 180 °C (vorgeheizt, unteres Drittel)
Heißluft: etwa 160 °C (nicht vorgeheizt)
Gas: Stufe 2–3 (nicht vorgeheizt)
Backzeit: etwa 50 Minuten.

5 Den Kuchen etwa 10 Minuten in der Form stehen lassen, dann aus der Form lösen und auf einen Kuchenrost stürzen.

6 Zum Bestreichen Konfitüre durch ein Sieb streichen und mit Wasser in einem kleinen Topf unter Rühren kurz aufkochen lassen. Die Kuchenoberfläche damit bestreichen und den Kuchen erkalten lassen.

Tipp:
Der Kuchen kann gut eingefroren werden.

Zubereitungszeit: 30 Minuten
Backzeit: etwa 50 Minuten

Insgesamt:
E: 100 g, F: 160 g, Kh: 440 g,
kJ: 15220, kcal: 3620

Variantenreiche Klassiker

Mit viel Einfallsreichtum werden aus bekannten Klassikern im Handumdrehen Dauerbrenner mit Pfiff.

Für Gäste — *Kakao-Sandkuchen*

Für den Teig:
- 250 g Butter oder Margarine
- 4 Eier (Größe M)
- 250 g Zucker
- 1 Pck. Dr. Oetker Vanillin-Zucker
- 100 g Weizenmehl
- 50 g Speisestärke
- 50 g Kakaopulver
- 1 gestr. TL Dr. Oetker Backin

Zum Bestäuben:
- 1 EL Puderzucker
- 1 TL Kakaopulver

1 Für den Teig Butter oder Margarine zerlassen und abkühlen lassen. Eier mit Handrührgerät mit Rührbesen auf höchster Stufe in 1 Minute schaumig schlagen. Zucker und Vanillin-Zucker mischen, in 1 Minute einstreuen, dann noch 2 Minuten weiterschlagen.

2 Mehl mit Speisestärke, Kakaopulver und Backin mischen, die Hälfte davon auf die Eiercreme sieben und kurz auf niedrigster Stufe unterrühren. Restliches Mehlgemisch auf die gleiche Weise unterarbeiten. Zuletzt die flüssige Butter oder Margarine kurz unterrühren.

3 Teig in eine Gugelhupfform (Ø 22 cm, gefettet, gemehlt) geben und glatt streichen. Die Form auf dem Rost in den Backofen schieben.

Ober-/Unterhitze: etwa 180 °C (vorgeheizt, unteres Drittel)
Heißluft: etwa 160 °C (nicht vorgeheizt)
Gas: Stufe 2–3 (nicht vorgeheizt)
Backzeit: etwa 45 Minuten.

4 Den Kuchen 10 Minuten in der Form stehen lassen, dann auf einen Kuchenrost stürzen und erkalten lassen. Anschließend den Kuchen erst mit Puderzucker, dann mit Kakao bestäuben.

Tipp:
Der Kuchen ist gefriergeeignet.
Sie können den Kuchen auch in einer Springform mit Rohrboden (Ø 24 cm) zubereiten.

Zubereitungszeit: 25 Minuten
Backzeit: etwa 45 Minuten

Insgesamt:
E: 52 g, F: 251 g, Kh: 393 g,
kJ: 16885, kcal: 4031

Gugelhupf aus Rührteig, klassisch
Gut vorzubereiten

Für den Rührteig:
- 150 g weiche Butter oder Margarine
- 175 g Zucker
- 1 Pck. Dr. Oetker Vanillin-Zucker
- 4 Eier (Größe M)
- 400 g Weizenmehl
- 1 Pck. Dr. Oetker Backin
- 200 ml Schlagsahne
- 100 g abgezogene, gehackte Mandeln
- 100 g rote Belegkirschen, gewürfelt
- 100 g Rosinen
- 100 g getrocknete Aprikosen, gewürfelt

Zum Bestäuben:
- Puderzucker

1 Für den Teig Butter oder Margarine in einer Rührschüssel mit Handrührgerät mit Rührbesen auf höchster Stufe geschmeidig rühren. Nach und nach Zucker und Vanillin-Zucker unterrühren. So lange rühren, bis eine gebundene Masse entstanden ist.

2 Eier nach und nach unterrühren (jedes Ei etwa ½ Minute). Mehl mit Backin mischen, sieben und in 2 Portionen abwechselnd mit der Sahne auf mittlerer Stufe unterrühren. Zuletzt Mandeln, Belegkirschen, Rosinen und Aprikosen unterheben.

3 Den Teig in eine Gugelhupfform (Ø 22 cm, gefettet, gemehlt) geben und glatt streichen. Die Form auf dem Rost in den Backofen schieben.

Ober-/Unterhitze: etwa 180 °C (vorgeheizt, unteres Drittel)
Heißluft: etwa 160 °C (nicht vorgeheizt)
Gas: Stufe 2–3 (nicht vorgeheizt)
Backzeit: etwa 60 Minuten.

4 Den Gugelhupf etwa 10 Minuten in der Form stehen lassen, dann auf einen Kuchenrost stürzen. Gugelhupf erkalten lassen und anschließend mit Puderzucker bestäuben.

Tipp:
Der Teig kann zusätzlich mit 3 Esslöffeln Rum verfeinert werden.
Der Gugelhupf hält sich gut verpackt mehrere Tage und lässt sich auch gut einfrieren.
Er schmeckt auch sehr gut mit getrockneten Feigen, Mandeln und Pistazienkernen oder Orangeat und Zitronat.

Zubereitungszeit: 25 Minuten
Backzeit: etwa 60 Minuten

Insgesamt:
E: 116 g, F: 209 g, Kh: 805 g,
kJ: 25009, kcal: 5974

Mohnrolle
Beliebt – schnell zubereitet

Für den Hefeteig:
- 150 ml Milch
- 100 g Butter oder Margarine
- 375 g Weizenmehl
- 1 Pck. Dr. Oetker Trockenbackhefe
- 50 g Zucker
- 1 Pck. Dr. Oetker Vanillin-Zucker
- 1 Prise Salz

Für die Füllung:
- 1 Pck. backfeste Puddingcreme
- 250 ml (¼ l) Milch
- 1 Pck. (250 g) backfertige Mohnfüllung
- 50 g Rosinen
- 100 g Zitronat (Sukkade)

Für die Form:
- 3 EL Mohnsamen

1 Für den Teig Milch in einem kleinen Topf erwärmen und Butter oder Margarine darin zerlassen. Mehl in eine Rührschüssel sieben und sorgfältig mit der Trockenbackhefe vermischen.

2 Übrige Zutaten und die warme Milch-Fett-Mischung hinzufügen und alles mit Handrührgerät mit Knethaken kurz auf niedrigster, dann auf höchster Stufe in 5 Minuten zu einem glatten Teig verkneten. Teig zugedeckt an einem warmen Ort so lange gehen lassen, bis er sich sichtbar vergrößert hat.

3 Für die Füllung in der Zwischenzeit Puddingcreme mit Milch nach Packungsanleitung zubereiten und die Mohnfüllung unterrühren. Teig auf der leicht bemehlten Arbeitsfläche noch einmal kurz durchkneten und dann zu einem Quadrat (etwa 40 x 40 cm) ausrollen.

4 Füllung gleichmäßig darauf verstreichen, dabei am Rand etwa 1 cm frei lassen. Teig halbieren. Auf die eine Hälfte Rosinen, auf die andere Hälfte Zitronat streuen und jedes Teigstück von der langen Seite aus aufrollen. Beide Teigrollen nebeneinander legen, miteinander verdrehen und in eine Gugelhupfform (Ø 22 cm, gefettet, mit Mohnsamen ausgestreut) legen. Die Form auf dem Rost in den Backofen schieben.

Ober-/Unterhitze: etwa 200 °C (vorgeheizt, unteres Drittel)
Heißluft: etwa 180 °C (vorgeheizt)
Gas: Stufe 3–4 (vorgeheizt)
Backzeit: etwa 30 Minuten.

5 Den Kuchen nach dem Backen auf einen Kuchenrost stürzen und erkalten lassen.

Tipp:
Durch die eingerollte Füllung kann der Kuchen im Anschnitt Löcher aufweisen.
Der Kuchen lässt sich sehr gut einfrieren.
Die Mohnsamen zum Ausstreuen der Form können Sie durch Semmelbrösel ersetzen, dann den Kuchen nach dem Erkalten evtl. mit Puderzucker bestäuben oder mit einer Puderzuckerglasur aus 200 g Puderzucker und 2–3 Esslöffeln Wasser überziehen.

Zubereitungszeit:
35 Minuten, ohne Teiggehzeit
Backzeit: etwa 30 Minuten

Insgesamt:
E: 83 g, F: 153 g, Kh: 595 g,
kJ: 17146, kcal: 4091

Elsässischer Gugelhupf — Einfach

Für den Hefeteig:
- 500 g Weizenmehl
- 1 Pck. Dr. Oetker Trockenbackhefe
- 100 g Zucker
- 1 gestr. TL Salz
- 2 Eier (Größe M)
- 50 g abgezogene, gemahlene Mandeln
- 200 g zerlassene, abgekühlte Butter oder Margarine
- 200 ml lauwarme Milch
- 50 g Rosinen

Für die Form:
- einige abgezogene ganze Mandeln
- 1–2 EL abgezogene, gehobelte Mandeln

1 Für den Teig Mehl in eine Rührschüssel sieben und sorgfältig mit Trockenhefe vermischen. Zucker, Salz, Eier, Mandeln, Butter oder Margarine und Milch hinzufügen.

2 Die Zutaten mit Handrührgerät mit Knethaken zunächst kurz auf niedrigster, dann auf höchster Stufe in etwa 5 Minuten zu einem Teig verarbeiten. Den Teig zugedeckt so lange an einem warmen Ort stehen lassen, bis er sich sichtbar vergrößert hat.

3 Den Teig leicht mit Mehl bestäuben, aus der Schüssel nehmen und auf einer bemehlten Arbeitsfläche nochmals kurz durchkneten, Rosinen unterarbeiten.

4 In jede Vertiefung einer Gugelhupfform (Ø 24 cm, gut gefettet) eine ganze Mandel legen und die Form zusätzlich mit gehobelten Mandeln ausstreuen.

5 Den Teig vorsichtig in die Gugelhupfform geben und nochmals so lange an einem warmen Ort gehen lassen, bis er sich sichtbar vergrößert hat. Die Form auf dem Rost in den Backofen schieben.

Ober-/Unterhitze: etwa 180 °C (vorgeheizt, unteres Drittel)
Heißluft: etwa 160 °C (nicht vorgeheizt)
Gas: Stufe 2–3 (nicht vorgeheizt)
Backzeit: etwa 45 Minuten.

6 Den Gugelhupf etwa 10 Minuten in der Form stehen lassen, dann auf einen Kuchenrost stürzen und erkalten lassen.

Tipp:
Der Elsässer Gugelhupf schmeckt sehr gut, wenn man die Scheiben mit etwas Butter bestrichen serviert.
Der Kuchen ist gefriergeeignet.

Zubereitungszeit:
20 Minuten, ohne Teiggehzeit
Backzeit: etwa 45 Minuten

Insgesamt:
E: 98 g, F: 244 g, Kh: 510 g,
kJ: 19331, kcal: 4616

Buntes Marmorkuchen-Dreierlei | Raffiniert

Für den Rührteig:
- 50 g Belegkirschen
- 300 g weiche Butter oder Margarine
- 275 g Zucker
- 1 Pck. Dr. Oetker Vanillin-Zucker
- 1 Prise Salz
- 5 Eier (Größe M)
- 375 g Weizenmehl
- 1 Pck. Dr. Oetker Backin
- 4 EL Milch
- 30 g gemahlene Pistazienkerne
- 2 EL weiche Nuss-Nougat-Creme

Für den Guss:
- 200 g Puderzucker
- etwa 3 EL Wasser
- rote und grüne Speisefarbe
- etwas weiche Nuss-Nougat-Creme

1 Für den Teig Belegkirschen in sehr kleine Stücke schneiden. Butter oder Margarine in einer Rührschüssel mit Handrührgerät mit Rührbesen auf höchster Stufe geschmeidig rühren. Nach und nach Zucker, Vanillin-Zucker und Salz unterrühren. So lange rühren, bis eine gebundene Masse entstanden ist.

2 Eier nach und nach unterrühren (jedes Ei etwa ½ Minute). Mehl mit Backin mischen, sieben und in 2 Portionen abwechselnd mit der Milch auf mittlerer Stufe unterrühren. Jeweils 2 Esslöffel Teig mit den Pistazien, der Nuss-Nougat-Creme und den Belegkirschen verrühren.

3 Übrigen Teig in eine Gugelhupfform (Ø 24 cm, gefettet, gemehlt) füllen und jeweils auf ein Drittel die 3 verschieden gefärbten Teige verstreichen. Die helle und farbige Teigschicht innerhalb des jeweiligen Drittels mit einer Gabel spiralförmig durchziehen, so dass ein Marmormuster entsteht (Foto unten). Die Form auf dem Rost in den Backofen schieben.

Ober-/Unterhitze: etwa 180 °C (vorgeheizt, unteres Drittel)
Heißluft: etwa 160 °C (nicht vorgeheizt)
Gas: Stufe 2–3 (nicht vorgeheizt)
Backzeit: etwa 45 Minuten.

4 Kuchen in der Form auf einem Kuchenrost 10 Minuten stehen lassen, dann aus der Form stürzen und auf einem Kuchenrost erkalten lassen.

5 Für den Guss Puderzucker mit so viel Wasser verrühren, dass eine dickflüssige Masse entsteht. Den Guss dritteln und mit Speisefarbe und Nuss-Nougat-Creme jeweils rot, grün und braun einfärben. Den Kuchen nach Belieben mit den Puderzuckerglasuren besprenkeln.

Tipp:
Der Kuchen kann ohne Guss gut eingefroren werden.

Zubereitungszeit: 40 Minuten
Backzeit: etwa 45 Minuten

Insgesamt:
E: 88 g, F: 328 g, Kh: 840 g,
kJ: 27839, kcal: 6647

Patzerlgugelhupf
Für Gäste – mit Alkohol

Für den Hefeteig:
- 500 g Weizenmehl
- 1 Pck. Dr. Oetker Trockenbackhefe
- 80 g Zucker
- 1 Pck. Dr. Oetker Vanillin-Zucker
- 1 Prise Salz, 1 Ei (Größe M)
- 1 Pck. Dr. Oetker Finesse Geriebene Zitronenschale
- 250 ml (¼ l) lauwarme Milch
- 100 g zerlassene, abgekühlte Butter oder Margarine

Für die Quarkfüllung:
- 125 g Speisequark (Magerstufe)
- 1 EL Zucker, 1 Eigelb (Größe M)
- 2 EL Rosinen, 2 EL Zitronensaft

Für die Mohnfüllung:
- 1 Pck. (250 g) backfertige Mohnfüllung, 2 EL Zwiebackbrösel
- 1 Prise Zimt, 1-2 EL Rum

Für die Nussfüllung:
- 100 g gemahlene Haselnusskerne
- 2 EL Zwiebackbrösel
- 1 Prise gemahlener Zimt
- 1 EL Zucker, 1 Eiweiß (Größe M)
- 1-2 EL Rum, 100 ml heiße Milch

Für die Pflaumenmusfüllung:
- 150 g Pflaumenmus, 1 EL Zucker
- 1 Prise gemahlener Zimt

Zubereitungszeit: 60 Minuten, ohne Teiggehzeit
Backzeit: etwa 45 Minuten

Insgesamt:
E: 136 g, F: 216 g, Kh: 772 g, kJ: 23695, kcal: 5659

1 Für den Teig Mehl in eine Rührschüssel sieben und mit Trockenbackhefe sorgfältig vermischen. Restliche Zutaten hinzufügen und mit Handrührgerät mit Knethaken zunächst kurz auf niedrigster, dann auf höchster Stufe in 5 Minuten zu einem glatten Teig verarbeiten. Den Teig zugedeckt so lange an einem warmen Ort stehen lassen, bis er sich sichtbar vergrößert hat. Für die Füllungen die angegebenen Zutaten jeweils gut verrühren.

2 Den Teig leicht mit Mehl bestäuben, aus der Schüssel nehmen, auf der leicht bemehlten Arbeitsfläche nochmals kurz durchkneten und zu einem Rechteck (60 x 40 cm) ausrollen. Daraus 24 Quadrate (etwa 10 x 10 cm) ausschneiden. Die Füllungen auf den Teigplatten verteilen (jeweils 6 Teigplatten mit derselben Füllung). Die einzelnen Teigplatten so zusammenfalten, dass Päckchen entstehen.

3 Die gefüllten Teigpäckchen abwechselnd in einer Gugelhupfform (Ø 22 cm, gefettet, gemehlt) verteilen und zugedeckt nochmals so lange an einem warmen Ort gehen lassen, bis der Teig sich sichtbar vergrößert hat. Die Form auf dem Rost in den Backofen schieben.

Ober-/Unterhitze: etwa 180 °C (vorgeheizt, unteres Drittel)
Heißluft: etwa 160 °C (nicht vorgeheizt)
Gas: Stufe 2–3 (nicht vorgeheizt)
Backzeit: etwa 45 Minuten (nach etwa 35 Minuten mit Backpapier zudecken).

4 Die Form auf einen Kuchenrost stellen. Den Gugelhupf etwa 10 Minuten in der Form stehen lassen, dann auf einen Kuchenrost stürzen und erkalten lassen.

Tipp:
Bestäuben Sie den Kuchen direkt nach dem Stürzen mit etwas Puderzucker.
Sie können den Rum in der Mohnfüllung und in der Nussfüllung durch je 1 Päckchen Finesse Jamaica-Rum-Aroma ersetzen.

Eierlikörkuchen

Gut vorzubereiten – mit Alkohol

Für den All-in-Teig:
- 125 g Weizenmehl
- 125 g Speisestärke
- 4 gestr. TL Dr. Oetker Backin
- 250 g Puderzucker
- 2 Pck. Dr. Oetker Vanillin-Zucker
- 250 ml (¼ l) Speiseöl
- 250 ml (¼ l) Eierlikör
- 5 Eier (Größe M)

Zum Bestäuben:
- etwas Puderzucker

1 Für den Teig Mehl mit Speisestärke, Backin und Puderzucker mischen und in eine Rührschüssel sieben.

2 Übrige Zutaten hinzufügen und alles mit Handrührgerät mit Rührbesen auf höchster Stufe mindestens 1 Minute schaumig schlagen. Zwischendurch die Teigmasse vom Schüsselrand lösen.

3 Den Teig in eine Gugelhupfform (Ø 22 cm, gefettet, gemehlt) füllen und die Form auf dem Rost in den Backofen schieben.

Ober-/Unterhitze: etwa 180 °C (vorgeheizt, unteres Drittel)
Heißluft: etwa 160 °C (nicht vorgeheizt)
Gas: Stufe 2–3 (nicht vorgeheizt)
Backzeit: etwa 60 Minuten.

4 Kuchen etwa 10 Minuten in der Form stehen lassen, dann auf einen Kuchenrost stürzen und erkalten lassen. Den Kuchen anschließend mit Puderzucker bestäuben.

Tipp:
Der Kuchen kann gut eingefroren werden.

Abwandlung:
Für Eierlikörwaffeln aus 100 g Puderzucker, 2 Eiern (Größe M), 1 Päckchen Vanillin-Zucker, 100 ml Speiseöl, 100 ml Eierlikör, 50 g Weizenmehl, 1½ gestrichenen Teelöffeln Backin und 50 g Speisestärke wie im Rezept angegeben einen Teig zubereiten. Jeweils 2–3 Esslöffel Teig in ein gefettetes und gut erhitztes Waffeleisen geben. Die Waffeln goldgelb backen, einzeln auf einem Kuchenrost erkalten lassen und mit etwas Puderzucker bestäuben.

Zubereitungszeit: 20 Minuten
Backzeit: etwa 60 Minuten

Insgesamt:
E: 33 g, F: 288 g, Kh: 624 g,
kJ: 23936, kcal: 5712

Gugelhupf aus Hefeteig, klassisch | Beliebt

Für den Hefeteig:
- 200 ml Schlagsahne
- 200 g Butter oder Margarine
- 500 g Weizenmehl
- 1 Pck. Dr. Oetker Trockenbackhefe
- 150 g Zucker
- 1 Pck. Dr. Oetker Vanillin-Zucker
- 6 Tropfen Zitronen-Aroma
- 1 Prise Salz
- 4 Eier (Größe M)
- 150 g Rosinen
- 150 g Korinthen
- 100 g abgezogene, gehackte Mandeln

Außerdem:
- 20 g Puderzucker

1 Für den Teig Sahne in einem Topf erwärmen und Butter oder Margarine darin zerlassen. Mehl in eine Rührschüssel sieben und mit der Trockenbackhefe sorgfältig vermischen. Zucker, Vanillin-Zucker, Aroma, Salz, Eier und die warme Sahne-Fett-Mischung hinzufügen.

2 Die Zutaten mit Handrührgerät mit Knethaken kurz auf niedrigster, dann auf höchster Stufe in 5 Minuten zu einem glatten Teig verarbeiten. Rosinen, Korinthen und Mandeln kurz unterarbeiten. Den Teig zugedeckt so lange an einem warmen Ort gehen lassen, bis er sich sichtbar vergrößert hat.

3 Den Teig anschließend mit Handrührgerät mit Knethaken auf höchster Stufe kurz durchkneten, in eine Gugelhupfform (Ø 24 cm, gefettet) füllen und nochmals so lange an einem warmen Ort gehen lassen, bis er sich sichtbar vergrößert hat. Die Form auf dem Rost in den Backofen schieben.

Ober-/Unterhitze: etwa 180 °C (vorgeheizt, unteres Drittel)
Heißluft: etwa 160 °C (nicht vorgeheizt)
Gas: Stufe 2–3 (nicht vorgeheizt)
Backzeit: etwa 60 Minuten.

4 Kuchen nach dem Backen etwa 10 Minuten in der Form stehen lassen, dann stürzen und auf einem Kuchenrost erkalten lassen. Den Gugelhupf anschließend mit Puderzucker bestäuben.

Tipp:
Statt mit Mandeln, Rosinen und Korinthen können Sie den Gugelhupf mit 100 g bunten Belegkirschen, 200 g getrockneten Aprikosen (beides grob gewürfelt) und 50 g gehackten Pistazienkernen zubereiten.
Der Kuchen ist gefriergeeignet.

Zubereitungszeit: 25 Minuten, ohne Teiggehzeit
Backzeit: etwa 60 Minuten

Insgesamt:
E: 117 g, F: 320 g, Kh: 745 g,
kJ: 26619, kcal: 6357

Zwieback-Kuchen

Gut vorzubereiten

Für den Biskuitteig:
- 100 g getrocknete Aprikosen
- 100 g getrocknete Feigen
- 4 Eier (Größe M)
- 150 g Zucker
- 1 Pck. Dr. Oetker Vanillin-Zucker
- 1 Pck. Dr. Oetker Finesse Orangenfrucht
- 1 Prise Salz
- 150 g Vollkorn-Dinkelmehl
- 1 gestr. TL Dr. Oetker Backin
- 50 g Leinsamen

Außerdem:
- 3 EL Sesamsamen für die Form

1 Für den Teig Aprikosen und Feigen in kleine Stückchen schneiden. Eier mit Handrührgerät mit Rührbesen auf höchster Stufe in 1 Minute schaumig schlagen. Zucker mit Vanillin-Zucker, Orangenfrucht und Salz mischen, in 1 Minute einstreuen, dann noch etwa 2 Minuten weiterschlagen.

2 Mehl mit Backin mischen, auf die Eiercreme geben und kurz auf niedrigster Stufe unterrühren. Zuletzt Aprikosen, Feigen und Leinsamen kurz unterrühren. Den Teig in eine Gugelhupfform (Ø 24 cm, gefettet, mit Sesamsamen ausgestreut) geben und glatt streichen. Die Form auf dem Rost in den Backofen schieben.

Ober-/Unterhitze: etwa 180 °C (vorgeheizt, unteres Drittel)
Heißluft: etwa 160 °C (nicht vorgeheizt)
Gas: Stufe 2–3 (nicht vorgeheizt)
Backzeit: etwa 45 Minuten.

3 Den Kuchen sofort auf einen Kuchenrost stürzen und erkalten lassen. Den erkalteten Kuchen in etwa 16 Scheiben schneiden. Die Scheiben nebeneinander auf ein mit Backpapier belegtes Backblech legen. Das Backblech in den Backofen schieben und die Kuchenscheiben trocknen.

Ober-/Unterhitze: etwa 120 °C (vorgeheizt, mittlere Einschubleiste)
Heißluft: etwa 100 °C (nicht vorgeheizt)
Gas: etwa Stufe 1 (nicht vorgeheizt)
Trockenzeit: etwa 45 Minuten (nach etwa 20 Minuten die Scheiben wenden).

Tipp:
Trocken verpackt ist der Kuchen 2–3 Wochen haltbar, sie können den Kuchen jedoch auch einfrieren.
Servieren Sie den Kuchen mit Butter, z. B. zum Frühstück.
Der Kuchen hat nach dem zweiten Backen einen leichten Zwieback-Charakter, er schmeckt jedoch auch schon nach dem ersten Backen sehr gut.

Zubereitungszeit:
45 Minuten, ohne Abkühlzeit
Back- und Trockenzeit:
etwa 90 Minuten

Insgesamt:
E: 82 g, F: 74 g, Kh: 314 g,
kJ: 10482, kcal: 2501

Westfälischer Napfkuchen mit Glühweinsirup

Raffiniert – mit Alkohol

Zum Vorbereiten:
- 175 g Pumpernickel

Für den Biskuitteig:
- 5 Eier (Größe M)
- 125 g brauner Zucker (Kandisfarin)
- 100 g Weizenmehl
- 2 gestr. TL Dr. Oetker Backin
- 100 g abgezogene, gemahlene Mandeln
- 100 g Zartbitter-Raspelschokolade

Für den Glühweinsirup:
- 250 ml (¼ l) trockener Rotwein
- 125 g Zucker
- 1 Zimtstange
- 1 Pck. Dr. Oetker Finesse Orangenfrucht
- 1 Msp. gemahlene Gewürznelken
- 1 Msp. gemahlener Kardamom

1 Zum Vorbereiten Pumpernickel fein zerbröseln und in einer Pfanne ohne Fett rösten. Pumpernickelbrösel erkalten lassen.

2 Für den Teig Eier in einer Rührschüssel mit Handrührgerät mit Rührbesen auf höchster Stufe in 1 Minute schaumig schlagen. Zucker in 1 Minute einstreuen, dann noch weitere 2 Minuten schlagen.

3 Mehl mit Backin mischen, die Hälfte davon auf die Eiercreme sieben und kurz auf niedrigster Stufe unterrühren. Restliches Mehlgemisch auf die gleiche Weise unterarbeiten. Pumpernickelbrösel, Mandeln und Raspelschokolade vorsichtig unterheben.

4 Den Teig in eine Gugelhupfform (Ø 24 cm, gefettet, gemehlt) geben und glatt streichen. Die Form auf dem Rost in den Backofen schieben.

Ober-/Unterhitze: etwa 180 °C (vorgeheizt, unteres Drittel)
Heißluft: etwa 160 °C (nicht vorgeheizt)
Gas: Stufe 2–3 (nicht vorgeheizt)
Backzeit: etwa 45 Minuten.

5 Den Kuchen 10 Minuten in der Form stehen lassen, dann auf einen Kuchenrost stürzen. Kuchen erkalten lassen.

6 Für den Sirup Rotwein mit Zucker, Zimtstange, Orangenfrucht, Nelken und Kardamom in einem weiten Topf verrühren, zum Kochen bringen und etwa 10 Minuten ohne Deckel bei schwacher Hitze einköcheln lassen. Den Glühweinsirup nach Belieben warm oder kalt zum Napfkuchen reichen.

Tipp:
Der Kuchen kann gut eingefroren werden.

Zubereitungszeit:
45 Minuten, ohne Abkühlzeit
Backzeit: etwa 45 Minuten

Insgesamt:
E: 90 g, F: 124 g, Kh: 451 g,
kJ: 14957, kcal: 3573

Schoko-Mandel-Hupf mit Preiselbeeren

Für Gäste

Zum Vorbereiten:
- 1 Glas Wild-Preiselbeer-Dessert (Abtropfgewicht 175 g)
- 200 g Zartbitterschokolade

Für den Rührteig:
- 250 g weiche Butter oder Margarine
- 100 g Zucker
- 1 Pck. Dr. Oetker Vanillin-Zucker
- 1 Prise Salz
- 4 Eier (Größe M)
- 250 g Weizenmehl
- 4 gestr. TL Dr. Oetker Backin
- 2 EL Milch
- 50 g abgezogene, gehackte Mandeln

Für die Form:
- 2 EL abgezogene, gehackte Mandeln

1 Zum Vorbereiten Preiselbeeren in einem Sieb gut abtropfen lassen. Die Hälfte der Schokolade in kleine Stückchen schneiden. Die übrige Schokolade grob zerkleinern und in einem kleinen Topf im Wasserbad bei schwacher Hitze geschmeidig rühren.

2 Für den Teig Butter oder Margarine in einer Rührschüssel mit Handrührgerät mit Rührbesen geschmeidig rühren. Nach und nach Zucker, Vanillin-Zucker und Salz unterrühren. So lange rühren, bis eine gebundene Masse entstanden ist.

3 Eier nach und nach unterrühren (jedes Ei etwa ½ Minute). Mehl mit Backin mischen, sieben und in 2 Portionen abwechselnd mit der Milch auf mittlerer Stufe unterrühren. Zuletzt geschmolzene und klein geschnittene Schokolade, Mandeln und Preiselbeeren unterheben.

4 Den Teig in eine Gugelhupfform (Ø 22 cm, gefettet, mit gehackten Mandeln ausgestreut) geben und glatt streichen. Die Form auf dem Rost in den Backofen schieben.

Ober-/Unterhitze: etwa 180 °C (vorgeheizt, unteres Drittel)
Heißluft: etwa 160 °C (nicht vorgeheizt)
Gas: Stufe 2–3 (nicht vorgeheizt)
Backzeit: etwa 55 Minuten.

5 Den Kuchen 10 Minuten in der Form stehen lassen, dann auf einen Kuchenrost stürzen und erkalten lassen.

Tipp:
Für eine Preiselbeersahne 1–2 Esslöffel abgetropfte Preiselbeeren abnehmen, mit steif geschlagener Sahne verrühren und zum Kuchen reichen.
Anstelle von Wild-Preiselbeer-Dessert können Sie auch ein Glas Wald-Heidelbeeren (Abtropfgewicht 140 g) verwenden.
Sie können den Hupf gut einfrieren.

Zubereitungszeit: 30 Minuten
Backzeit: etwa 55 Minuten

Insgesamt:
E: 86 g, F: 344 g, Kh: 458 g,
kJ: 22008, kcal: 5254

Napfkuchen mit Frischkäse | Einfach

Für den Rührteig:
200 g weiche Butter oder Margarine
250 g Zucker
1 Pck. Dr. Oetker Vanillin-Zucker
1 Prise Salz
200 g Doppelrahm-Frischkäse
1 Pck. Dr. Oetker Finesse Geriebene Zitronenschale
4 Eier (Größe M)
350 g Weizenmehl
3 gestr. TL Dr. Oetker Backin
100 g Rosinen

Zum Bestäuben:
Puderzucker

1 Für den Teig Butter oder Margarine in einer Rührschüssel mit Handrührgerät mit Rührbesen auf höchster Stufe geschmeidig rühren. Nach und nach Zucker, Vanillin-Zucker und Salz unterrühren. Frischkäse und Zitronenschale in 2 Portionen unterrühren. So lange rühren, bis eine gebundene Masse entstanden ist. Eier nach und nach unterrühren (jedes Ei etwa ½ Minute).

2 Mehl mit Backin mischen, sieben und in 2 Portionen kurz auf mittlerer Stufe unterrühren. Zuletzt Rosinen kurz unterrühren.

3 Den Teig in eine Gugelhupfform (Ø 24 cm, gefettet) geben und glatt streichen. Die Form auf dem Rost in den Backofen schieben.

Ober-/Unterhitze: etwa 180 °C (vorgeheizt, unteres Drittel)
Heißluft: etwa 160 °C (nicht vorgeheizt)
Gas: Stufe 2–3 (nicht vorgeheizt)
Backzeit: etwa 65 Minuten.

4 Die Form auf einen Kuchenrost stellen und den Kuchen etwa 10 Minuten darin stehen lassen, dann auf einen Kuchenrost stürzen. Kuchen erkalten lassen und anschließend mit Puderzucker bestäuben.

Zubereitungszeit: 20 Minuten
Backzeit: etwa 65 Minuten

Insgesamt:
E: 92 g, F: 262 g, Kh: 611 g, kJ: 21711, kcal: 518

Mozarthupf

Raffiniert – gut vorzuberei

Für die Füllung:
- 200 g Marzipan-Rohmasse
- 50 g gesiebter Puderzucker
- 25 g gemahlene Pistazienkerne
- 200 g Nuss-Nougat (schnittfest)

Für den Rührteig:
- 200 g weiche Butter oder Margarine
- 150 g Zucker
- 1 Pck. Dr. Oetker Vanillin-Zucker
- 6–8 Tropfen Bittermandel-Aroma
- 4 Eier (Größe M)
- 300 g Weizenmehl
- 3 gestr. TL Dr. Oetker Backin

Zum Verzieren:
- 25 g Vollmilch-Kuvertüre

1 Für die Füllung Marzipan-Rohmasse mit Puderzucker und Pistazien auf einer Arbeitsfläche verkneten. Marzipan zwischen Frischhaltefolie legen und einen breiten Streifen von 35 x 10 cm ausrollen.

2 Nougat in 5 Streifen von etwa 7 x 2 cm schneiden, längs auf das Marzipan legen, darin einrollen und die lange Rolle vorsichtig zu einem Kranz zusammenlegen.

3 Für den Teig Butter oder Margarine in einer Rührschüssel mit Handrührgerät mit Rührbesen auf höchster Stufe geschmeidig rühren. Nach und nach Zucker, Vanillin-Zucker und Aroma unterrühren. So lange rühren, bis eine gebundene Masse entstanden ist.

4 Eier nach und nach unterrühren (jedes Ei etwa ½ Minute). Mehl mit Backin mischen, sieben und in 2 Portionen auf mittlerer Stufe unterrühren.

5 Die Hälfte des Teiges in eine Gugelhupfform (Ø 22 cm, gefettet, gemehlt) füllen und glatt streichen. Marzipankranz darauf legen, den restlichen Teig gleichmäßig darüber verteilen und glatt streichen. Die Form auf dem Rost in den Backofen schieben.

Ober-/Unterhitze: etwa 180 °C (vorgeheizt, unteres Drittel)
Heißluft: etwa 160 °C (nicht vorgeheizt)
Gas: Stufe 2–3 (nicht vorgeheizt)
Backzeit: etwa 55 Minuten.

6 Gebäck nach dem Backen noch etwa 10 Minuten in der Form stehen lassen, dann auf einen Kuchenrost stürzen und erkalten lassen.

7 Zum Verzieren Kuvertüre in kleine Stücke hacken, in einen kleinen Gefrierbeutel geben, ihn verschließen, in ein warmes Wasserbad hängen und Kuvertüre darin auflösen. Anschließend Beutel trockentupfen, etwas durchkneten, eine kleine Ecke abschneiden und den erkalteten Kuchen mit der Kuvertüre verzieren.

Zubereitungszeit:
45 Minuten, ohne Abkühlzeit
Backzeit: etwa 55 Minuten

Insgesamt:
E: 93 g, F: 291 g, Kh: 546 g,
kJ: 22255, kcal: 5318

Tipp:
Statt Kuvertüre können Sie zum Verzieren auch Schokolade verwenden.
Der Mozarthupf kann eingefroren werden.

Für die lieben Kleinen

Darauf steht der Nachwuchs: kleine und große Überraschungen mit Fantasie.

Honigsüßes Maisgebäck

Beliebt | **6 Stück**

1 Für den Teig Maismehl in einer Rührschüssel mit der Buttermilch anrühren und 10 Minuten quellen lassen. Mehl mit Backin und Natron mischen und zum gequollenen Maismehl sieben. Restliche Zutaten hinzufügen und mit einem Schneebesen zu einem glatten Teig verarbeiten.

2 Teig in eine Mini-Gugelhupfform für 6 Gugelhupfe (gefettet) füllen und die Form auf dem Rost in den Backofen schieben.

Ober-/Unterhitze: etwa 180 °C (vorgeheizt, mittlere Einschubleiste)
Heißluft: etwa 160 °C (vorgeheizt)
Gas: Stufe 2–3 (vorgeheizt)
Backzeit: etwa 20 Minuten.

3 Gebäck nach dem Backen 10 Minuten in der Form auf einem Kuchenrost abkühlen lassen, dann erst lösen, auf den Kuchenrost stürzen und erkalten lassen.

4 Für die Füllung die kleinen Gugelhupfe einmal waagerecht halbieren. Vanillin-Zucker und Sahnesteif mischen, mit Crème double in einen Rührbecher geben und kurz aufschlagen.

5 Die Creme in einen kleinen Gefrierbeutel geben, eine kleine Ecke abschneiden und die Creme in Schlangenlinien auf die unteren Gugelhupfhälften spritzen. Obere Gugelhupfhälften aufsetzen und jeweils einen Klecks in die Mitte spritzen.

Tipp:
Anstelle von Crème double können Sie auch Mascarpone verwenden.
Wenn Sie mit einer Silikonform backen, so nehmen Sie den Kuchenrost aus dem Backofen, stellen Sie die Form vor dem Einfüllen des Teiges darauf, füllen Sie den Teig ein und schieben Sie dann beides zusammen in den Backofen – so lässt sich die Form einfacher zum Backofen transportieren.
Sie können die Kuchen ohne Füllung gut einfrieren.

Für den All-in-Teig:
75 g Maismehl
100 ml Buttermilch
25 g Weizenmehl
½ gestr. TL Dr. Oetker Backin
½ gestr. TL Natron
50 g flüssiger Honig
2 EL Speiseöl,
    z. B. Sonnenblumenöl
1 Ei (Größe M)
60 g Pinienkerne

Für die Füllung:
1 Pck. Dr. Oetker Vanillin-Zucker
1 Pck. Dr. Oetker Sahnesteif
125 g Crème double

Zubereitungszeit:
30 Minuten, ohne Abkühlzeit
Backzeit: etwa 20 Minuten

Pro Stück:
E: 6 g, F: 20 g, Kh: 23 g,
kJ: 1216, kcal: 292

Brownie-Gugelhupf

Gut vorzubereiten

Für den Rührteig:
- 100 g Zartbitterschokolade
- 125 g Macadamianusskerne (geröstet und leicht gesalzen)
- 100 g Studentenfutter (Nuss- und Rosinenmischung)
- 200 g weiche Butter oder Margarine
- 75 g Zucker
- 75 g brauner Zucker (Kandisfarin)
- 1 Pck. Dr. Oetker Bourbon-Vanille-Zucker
- 4 Eier (Größe M)
- 200 g Weizenmehl
- 3 gestr. TL Dr. Oetker Backin
- 75 g Kakaogetränkepulver
- 150 g Schokoladenpudding (aus dem Kühlregal)

Für Guss und Garnierung:
- 200 g Blockschokolade
- 1 EL Speiseöl
- nach Belieben einige Macadamianusskerne und etwas Studentenfutter

Zubereitungszeit:
45 Minuten, ohne Abkühlzeit
Backzeit: etwa 60 Minuten

Insgesamt:
E: 104 g, F: 441 g, Kh: 577 g,
kJ: 27957, kcal: 6680

1 Für den Teig Schokolade in einem Topf im Wasserbad bei schwacher Hitze geschmeidig rühren und abkühlen lassen. Macadamianusskerne und Studentenfutter grob hacken.

2 Butter oder Margarine in einer Rührschüssel mit Handrührgerät mit Rührbesen auf höchster Stufe geschmeidig rühren. Nach und nach Zucker, braunen Zucker und Vanille-Zucker unterrühren. So lange rühren, bis eine gebundene Masse entstanden ist.

3 Eier nach und nach unterrühren (jedes Ei etwa ½ Minute). Mehl mit Backin mischen, sieben und in 2 Portionen auf mittlerer Stufe unterrühren. Anschließend Kakaogetränkepulver, Pudding und die aufgelöste Schokolade unterrühren, dann kurz Nusskerne und Studentenfutter unterheben.

4 Den Teig in eine Gugelhupfform (Ø 22 cm, gefettet, gemehlt) füllen und die Form auf dem Rost in den Backofen schieben.

Ober-/Unterhitze: etwa 180 °C (vorgeheizt, unteres Drittel)
Heißluft: etwa 160 °C (nicht vorgeheizt)
Gas: Stufe 2–3 (nicht vorgeheizt)
Backzeit: etwa 60 Minuten.

5 Den Kuchen etwa 10 Minuten in der Form stehen lassen, dann auf einen Kuchenrost stürzen und erkalten lassen.

6 Für den Guss Schokolade fein hacken und mit dem Öl in einem Topf im Wasserbad bei schwacher Hitze geschmeidig rühren. Den Gugelhupf damit überziehen und nach Belieben mit Macadamianusskernen und Studentenfutter garnieren. Den Guss fest werden lassen.

Tipp:
Der Napfkuchen ist, gut verpackt und kühl aufbewahrt, mehrere Tage haltbar.
Für den Guss können Sie statt Blockschokolade auch 100 g Zartbitter- und 100 g Vollmilchschokolade verwenden.

Kleiner Erdnusshupf Einfach

Für den Rührteig:
- 100 g geröstete ungesalzene Erdnusskerne
- 100 g weiche Butter oder Margarine
- 80 g Zucker
- 1 Pck. Dr. Oetker Vanillin-Zucker
- 1 Prise Salz
- 2 Eier (Größe M)
- 120 g Weizenmehl
- 2 gestr. TL Dr. Oetker Backin
- 1 EL Zuckerrübensirup

Für den Guss:
- 50 g Puderzucker
- 1 TL Zuckerrübensirup
- 1–2 TL Wasser

1 Für den Teig Erdnusskerne klein hacken, 1 Esslöffel davon zum Bestreuen beiseite stellen. Butter oder Margarine in einer Rührschüssel mit Handrührgerät mit Rührbesen auf höchster Stufe geschmeidig rühren. Nach und nach Zucker, Vanillin-Zucker und Salz unterrühren. So lange rühren, bis eine gebundene Masse entstanden ist.

2 Eier nach und nach unterrühren (jedes Ei etwa ½ Minute). Mehl mit Backin mischen, sieben und in 2 Portionen auf mittlerer Stufe unterrühren. Die Hälfte des Teiges mit Hilfe von 2 Teelöffeln in eine kleine Gugelhupfform (Ø 16 cm, gefettet, gemehlt) geben. Unter den übrigen Teig Sirup und die gehackten Nusskerne heben, auf den hellen Teig geben und glatt streichen. Die Form auf dem Rost in den Backofen schieben.

Ober-/Unterhitze: etwa 180 °C (vorgeheizt, unteres Drittel)
Heißluft: etwa 160 °C (nicht vorgeheizt)
Gas: Stufe 2–3 (nicht vorgeheizt)
Backzeit: etwa 45 Minuten.

3 Den Gugelhupf 10 Minuten in der Form stehen lassen, dann auf einen Kuchenrost stürzen und erkalten lassen.

4 Für den Guss Puderzucker sieben und mit Sirup und so viel Wasser verrühren, dass ein dickflüssiger Guss entsteht. Guss auf dem Hupf verteilen, mit den übrigen Nusskernen bestreuen und fest werden lassen.

Tipp:
Der Erdnusshupf kann ohne Guss eingefroren werden.
Sie können den Erdnusshupf auch füllen. Dafür 250 g Erdbeeren waschen, abtropfen lassen, entstielen und der Länge nach in dicke Scheiben schneiden. 1 Päckchen backfeste Puddingcreme nach Packungsanleitung, aber mit 100 ml Schlagsahne und 150 ml Milch zubereiten. Kuchen zweimal waagerecht durchschneiden. Creme in einen Gefrierbeutel geben und eine kleine Ecke (etwa 1 cm breit) abschneiden. Auf das Kuchenoberteil 8 kleine Tuffs spritzen, dann etwa zwei Drittel der Creme auf den anderen beiden Böden verteilen. Die Erdbeerscheiben auf den unteren und mittleren Boden legen und die restliche Creme jeweils darauf spritzen. Den Kuchen zusammensetzen und die Böden dabei etwas andrücken.

Zubereitungszeit:
30 Minuten, ohne Abkühlzeit
Backzeit: etwa 45 Minuten

Insgesamt:
E: 55 g, F: 150 g, Kh: 256 g,
kJ: 10821, kcal: 2582

Feiner Napfkuchen mit Schokoguss

Für Kinder – einfach

Für den Rührteig:
- 350 g weiche Butter oder Margarine
- 300 g Zucker
- 1 Pck. Dr. Oetker Vanillin-Zucker
- 4 Eier (Größe M)
- 350 g Weizenmehl
- 50 g Speisestärke
- 4 gestr. TL Dr. Oetker Backin
- 1 EL Milch

Für den Guss:
- 200 g Zartbitterschokolade
- 1 EL Speiseöl

1 Für den Teig Butter oder Margarine in einer Rührschüssel mit Handrührgerät mit Rührbesen auf höchster Stufe geschmeidig rühren. Nach und nach Zucker und Vanillin-Zucker unterrühren. So lange rühren, bis eine gebundene Masse entstanden ist.

2 Eier nach und nach unterrühren (jedes Ei etwa ½ Minute). Mehl mit Speisestärke und Backin mischen, sieben und in 2 Portionen abwechselnd mit der Milch auf mittlerer Stufe unterrühren.

3 Den Teig in eine Gugelhupfform (Ø 24 cm, gefettet, gemehlt) füllen, glatt streichen und die Form auf dem Rost in den Backofen schieben.

Ober-/Unterhitze: etwa 180 °C (vorgeheizt, unteres Drittel)
Heißluft: etwa 160 °C (nicht vorgeheizt)
Gas: Stufe 2–3 (nicht vorgeheizt)
Backzeit: etwa 60 Minuten.

4 Den Kuchen 10 Minuten in der Form stehen lassen, dann auf einen Kuchenrost stürzen und den Kuchen darauf erkalten lassen.

5 Für den Guss Schokolade in kleine Stücke brechen und mit Öl in einem kleinen Topf im Wasserbad bei schwacher Hitze geschmeidig rühren. Den Kuchen damit überziehen und den Guss fest werden lassen.

Tipp:
Der Kuchen kann ohne Guss eingefroren werden.
Anstelle von 200 g Zartbitterschokolade können Sie für den Guss auch 100 g Zartbitter- und 100 g Vollmilchschokolade verwenden.

Zubereitungszeit:
30 Minuten, ohne Abkühlzeit
Backzeit: etwa 60 Minuten

Insgesamt:
E: 83 g, F: 399 g, Kh: 691 g,
kJ: 27937, kcal: 6671

Knusprige Schoko-Gugelhupfe

6 Stück | Einfach – schnell zubereite

6 quadratische Scheiben
TK-Blätterteig (270 g)
75 g Blockschokolade
100 g Zucker

Zum Besprenkeln:
30 g weiße Schokolade

Außerdem:
6 Papierbackförmchen

1 Blätterteigscheiben nach Packungsanleitung auftauen lassen. Die Blockschokolade auf einer Küchenreibe reiben.

2 Jede aufgetaute Blätterteigscheibe mit etwas von dem Zucker (statt Mehl) zu einem Rechteck (25 x 11 cm) ausrollen. Die ausgerollten Scheiben jeweils mit gut 1 Esslöffel geriebener Schokolade bestreuen, dabei an den Rändern rundherum 1 cm frei lassen.

3 Die Platten dann von der längeren Seite aus aufrollen, die Enden gut zusammendrücken und schneckenförmig in eine Silikon-Mini-Gugelhupfform für 6 Gugelhupfe (mit kaltem Wasser ausgespült) geben. Die Form auf dem Rost in den Backofen schieben.

Ober-/Unterhitze: etwa 200 °C (vorgeheizt auf 220 °C, mittlere Einschubleiste)
Heißluft: etwa 180 °C (vorgeheizt auf 200 °C)
Gas: Stufe 3–4 (vorgeheizt auf Stufe 4–5)
Backzeit: etwa 35 Minuten.

4 Die Gugelhupfe mit Hilfe einer Gabel aus der Form nehmen und auf einem mit Backpapier belegten Kuchenrost erkalten lassen.

5 Zum Besprenkeln weiße Schokolade grob zerkleinern, in einen Gefrierbeutel geben und diesen fest verschließen. Beutel in ein heißes Wasserbad hängen und die Schokolade darin bei schwacher Hitze schmelzen lassen.

6 Beutel trockentupfen, kurz durchkneten, eine kleine Ecke abschneiden und die Gugelhupfe damit besprenkeln. Die Gugelhupfe in Papierbackförmchen servieren.

Tipp:
Blockschokolade lässt sich besser reiben, wenn man sie vorher gut kühlt.
Mischen Sie 1 Päckchen Finesse Orangenfrucht unter die Schokoladenfüllung.
Garnieren Sie die Gugelhupfe mit je einer Mandel oder Pistazie.
Sollten Sie keine Mini-Gugelhupfform haben, so können Sie den aufgewickelten Blätterteig als gerollte Stangen auf einem mit Backpapier belegten Blech backen. Dafür die Längsseiten mit Wasser bestreichen und gut andrücken.

Zubereitungszeit:
35 Minuten, ohne Auftau- und Abkühlzeit
Backzeit: etwa 35 Minuten

Pro Stück:
E: 4 g, F: 16 g, Kh: 43 g,
kJ: 1379, kcal: 329

Bunter gefüllter Gugelhupf | Zum Verschenken

Für den Rührteig:

300 g weiche Butter oder Margarine
250 g Zucker
1 Pck. Dr. Oetker Finesse Bourbon-Vanille-Aroma
5 Eier (Größe M)
250 g Weizenmehl
125 g Speisestärke
2 gestr. TL Dr. Oetker Backin

Für die Füllung:

200 g gemahlene Haselnusskerne
75 g Zucker
1 Ei (Größe M)
3 EL Apfelsaft
4 EL Wasser

Für den Guss:

100 g Zartbitterschokolade
1 TL Speiseöl, z. B. Sonnenblumenöl

Zum Verzieren und Garnieren:

30 g Puderzucker
½–1 TL Wasser
bunte Zuckerperlen

1 Für den Teig Butter oder Margarine in einer Rührschüssel mit Handrührgerät mit Rührbesen auf höchster Stufe geschmeidig rühren. Nach und nach Zucker und Aroma unterrühren. So lange rühren, bis eine gebundene Masse entstanden ist.

2 Eier nach und nach unterrühren (jedes Ei etwa ½ Minute). Mehl mit Speisestärke und Backin mischen, sieben und in 2 Portionen kurz auf mittlerer Stufe unterrühren. Den Teig in eine Gugelhupfform (Ø 24 cm, gefettet, gemehlt) geben.

3 Für die Füllung Haselnusskerne in einer Pfanne ohne Fett leicht bräunen und auf einem Teller abkühlen lassen. Haselnusskerne mit Zucker, Ei, Apfelsaft und Wasser verrühren. Die Haselnussmasse auf den Teig geben und eine Gabel spiralförmig durch Teigschicht und Füllung ziehen, damit ein leichtes Marmormuster entsteht. Die Form auf dem Rost in den Backofen schieben.

Ober-/Unterhitze: etwa 180 °C (vorgeheizt, unteres Drittel)
Heißluft: etwa 160 °C (nicht vorgeheizt)
Gas: Stufe 2–3 (nicht vorgeheizt)
Backzeit: etwa 65 Minuten.

4 Die Form auf einen Kuchenrost stellen und den Kuchen etwa 10 Minuten darin stehen lassen. Dann den Kuchen aus der Form lösen, auf einen Kuchenrost stürzen und erkalten lassen.

5 Für den Guss Schokolade in kleine Stücke brechen und mit dem Öl in einem kleinen Topf im Wasserbad bei schwacher Hitze geschmeidig rühren. Schokolade so auf dem Kuchen verteilen, dass er in dicken „Nasen" herunterläuft. Den Guss fest werden lassen.

6 Zum Verzieren Puderzucker mit Wasser zu einer dickflüssigen Masse verrühren. Den Kuchen mit dem Guss besprenkeln und mit Zuckerperlen garnieren.

Tipp:
Sie können den Gugelhupf ohne Guss einfrieren.
Essen den Kuchen nur Erwachsene, so kann der Apfelsaft in der Füllung durch Rum ersetzt werden.

Zubereitungszeit:
40 Minuten, ohne Abkühlzeit
Backzeit: etwa 65 Minuten

Insgesamt:
E: 101 g, F: 461 g, Kh: 742 g, kJ: 31740, kcal: 7579

Dracula-Gugelhupf

Raffiniert – zum Verschenken

Für den Rührteig:

- 1 Dose Ananasraspel (Abtropfgewicht 265 g)
- 50 g rotes Johannisbeergelee
- 200 g Marzipan-Rohmasse
- 350 g weiche Butter oder Margarine
- 300 g Zucker
- 1 Pck. Dr. Oetker Vanillin-Zucker
- 1 Prise Salz
- 6 Eier (Größe M)
- 600 g Weizenmehl
- 4 gestr. TL Dr. Oetker Backin

Zum Tränken:

- 100 g rotes Johannisbeergelee

Für den Guss:

- 150 g Puderzucker
- etwa 75 g rotes Johannisbeergelee
- 1 TL Wasser

Zubereitungszeit: 45 Minuten, ohne Abkühlzeit
Backzeit: etwa 70 Minuten

Insgesamt:
E: 134 g, F: 409 g, Kh: 1156 g,
kJ: 36995, kcal: 8834

1 Für den Teig Ananasraspel in einem Sieb gut abtropfen. Anschließend die Ananasraspel mit 50 g Johannisbeergelee in einem Topf verrühren, 5 Minuten bei mittlerer Hitze leicht köcheln und dann abkühlen lassen.

2 Marzipan sehr klein schneiden, in eine Rührschüssel geben und mit Handrührgerät mit Rührbesen gut verrühren. Butter oder Margarine hinzufügen und alles auf höchster Stufe zu einer geschmeidigen Masse verrühren. Nach und nach Zucker, Vanillin-Zucker und Salz unterrühren. So lange rühren, bis eine gebundene Masse entstanden ist. Eier nach und nach unterrühren (jedes Ei etwa ½ Minute).

3 Mehl mit Backin mischen, sieben und in 2 Portionen auf mittlerer Stufe unterrühren. Abgekühlte Ananasraspel vorsichtig auf niedrigster Stufe unter den Teig rühren. Teig in eine Gugelhupfform (Ø 24 cm, gefettet, gemehlt) füllen und glatt streichen. Die Form auf dem Rost in den Backofen schieben.

Ober-/Unterhitze: etwa 180 °C (vorgeheizt, unteres Drittel)
Heißluft: etwa 160 °C (nicht vorgeheizt)
Gas: Stufe 2–3 (nicht vorgeheizt)
Backzeit: etwa 70 Minuten.

4 Den Kuchen 10 Minuten in der Form stehen lassen, dann auf einen Kuchenrost stürzen und erkalten lassen.

5 Anschließend mit dem Stielende des Rührbesens (vom Handrührgerät) oder einer dicken Stricknadel mehrmals den Kuchen von oben so einstechen, dass die Löcher nach oben „weiter" werden, aber nicht bis unten durchstechen!

6 Zum Tränken 100 g Johannisbeergelee in einem Topf aufkochen lassen und vorsichtig mit einem kleinen Trichter, einer Einwegspritze oder einem Teelöffel in die Löcher geben.

7 Für den Guss Puderzucker in eine Rührschüssel sieben, Johannisbeergelee mit Wasser in einem Topf kurz aufkochen lassen, unter den Puderzucker rühren und sofort mit einem Löffel auf den Kuchen geben, so dass er in dicken „Nasen" herunterläuft. Guss fest werden lassen.

Tipp:

Verwenden Sie für den Kuchen ein Johannisbeergelee mit einer kräftig roten Farbe – helfen Sie ansonsten mit ein paar Tropfen roter Speisefarbe nach.

Schoko-Kokos-Kuchen Beliebt

Für die Eiweißmasse:
- 4 Eiweiß (Größe M)
- 200 g Zucker
- ½ Fläschchen Butter-Vanille-Aroma
- 200 g Kokosraspel

Für den Rührteig:
- 200 g weiche Butter oder Margarine
- 200 g Zucker
- 1 Pck. Dr. Oetker Vanillin-Zucker
- 1 Prise Salz
- 4 Eigelb (Größe M)
- 200 g Weizenmehl
- 30 g Kakaopulver
- 2 gestr. TL Dr. Oetker Backin
- 4 EL (50 ml) Milch

Für den Guss:
- 50 g weiße Schokolade
- 50 g Zartbitterschokolade

Zubereitungszeit:
45 Minuten, ohne Abkühlzeit
Backzeit: etwa 55 Minuten

Insgesamt:
E: 78 g, F: 365 g, Kh: 627 g,
kJ: 25462, kcal: 6080

1 Für die Eiweißmasse Eiweiß in einer Rührschüssel mit Handrührgerät mit Rührbesen auf höchster Stufe so steif schlagen, dass ein Messerschnitt sichtbar bleibt. Zucker nach und nach auf höchster Stufe unterschlagen.

2 Aroma und Kokosraspel kurz unterrühren und die Masse gleichmäßig in einer Gugelhupfform (Ø 24 cm, gefettet, gemehlt) verteilen.

3 Für den Teig Butter oder Margarine in einer Rührschüssel mit Handrührgerät mit Rührbesen auf höchster Stufe geschmeidig rühren. Nach und nach Zucker, Vanillin-Zucker und Salz unterrühren. So lange rühren, bis eine gebundene Masse entstanden ist.

4 Eigelb nach und nach auf höchster Stufe unterrühren. Mehl mit Kakaopulver und Backin mischen, sieben und in 2 Portionen abwechselnd mit der Milch auf mittlerer Stufe unterrühren. Teig gleichmäßig auf der Eiweißmasse verteilen. Die Form auf dem Rost in den Backofen schieben.

Ober-/Unterhitze: etwa 180 °C (vorgeheizt, unteres Drittel)
Heißluft: etwa 160 °C (nicht vorgeheizt)
Gas: Stufe 2–3 (nicht vorgeheizt)
Backzeit: etwa 55 Minuten.

5 Kuchen 10 Minuten in der Form stehen lassen, dann auf einen Kuchenrost stürzen und erkalten lassen.

6 Für den Guss Schokolade grob zerkleinern, getrennt in kleine Gefrierbeutel geben, Beutel gut verschließen und die Schokoladen bei schwacher Hitze im Wasserbad zerlassen.

7 Beutel trockentupfen, etwas durchkneten und jeweils eine kleine Ecke abschneiden. Schokolade abwechselnd über den Kuchen sprenkeln und fest werden lassen.

Tipp:
Der Kuchen lässt sich ohne Guss sehr gut einfrieren.
Sie können nach dem Besprenkeln des Kuchens den Guss nach Belieben mit Kokosraspeln bestreuen.

Karamell-Gugelhupf Einfach

Zum Vorbereiten:
150 g Florentiner-Plätzchen

Für den All-in-Teig:
250 g Weizenmehl
2 Pck. Gala Pudding-Pulver Karamell-Geschmack
3 gestr. TL Dr. Oetker Backin
170 g Zucker
1 Pck. Dr. Oetker Vanillin-Zucker
5 Eier (Größe M)
250 g zerlassene, abgekühlte Butter oder Margarine
100 ml Schlagsahne

Zum Bestreichen:
etwa 100 g Orangenmarmelade oder Aprikosenkonfitüre

1 Zum Vorbereiten die Florentiner Plätzchen mit einem Messer fein hacken. Ein Drittel davon zum Garnieren beiseite legen.

2 Für den Teig Mehl mit Pudding-Pulver und Backin mischen und in eine Rührschüssel sieben. Übrige Zutaten hinzufügen und alles mit Handrührgerät mit Rührbesen kurz auf niedrigster, dann auf höchster Stufe in 2 Minuten zu einem glatten Teig verarbeiten. Florentinerstückchen unterheben.

3 Den Teig in eine Gugelhupfform (Ø 22 cm, gefettet, gemehlt) füllen und glatt streichen. Die Form auf dem Rost in den Backofen schieben.

Ober-/Unterhitze: etwa 180 °C (vorgeheizt, unteres Drittel)
Heißluft: etwa 160 °C (nicht vorgeheizt)
Gas: Stufe 2–3 (nicht vorgeheizt)
Backzeit: etwa 50 Minuten.

4 Den Kuchen etwa 10 Minuten in der Form stehen lassen, dann auf einen Kuchenrost stürzen und erkalten lassen.

5 Zum Bestreichen Marmelade oder Konfitüre durch ein Sieb streichen und in einem kleinen Topf kurz aufkochen lassen. Den Kuchen damit bestreichen. Die beiseite gelegten Florentinerstückchen darauf streuen und leicht andrücken.

Tipp:
Sie können den Gugelhupf auch mit einem Orangen-Puderzucker-Guss überziehen. Dafür 150 g Puderzucker mit 2–3 Esslöffeln Orangensaft und 1 Päckchen Finesse Orangenfrucht verrühren. Den Gugelhupf damit überziehen und den Guss fest werden lassen.

Zubereitungszeit:
30 Minuten, ohne Abkühlzeit
Backzeit: etwa 50 Minuten

Insgesamt:
E: 82 g, F: 318 g, Kh: 581 g, kJ: 23854, kcal: 5699

Süßer Honighupf
Schnell zubereitet

Für den Rührteig:
- 200 g Marzipan-Rohmasse
- 250 g weiche Butter oder Margarine
- 150 g flüssiger Honig
- 1 Pck. Dr. Oetker Bourbon-Vanille-Zucker
- 2 gestr. TL Lebkuchengewürz
- 5 Eier (Größe M)
- 250 g Weizenmehl
- 3 gestr. TL Dr. Oetker Backin

Außerdem:
- 100 g weiße Schokolade
- 2–3 EL Grümmel-Kandis

1 Für den Teig Marzipan sehr klein schneiden, mit Butter oder Margarine in eine Rührschüssel geben und mit Handrührgerät mit Rührbesen geschmeidig rühren. Nach und nach Honig, Vanille-Zucker und Lebkuchengewürz unterrühren. So lange rühren, bis eine gebundene Masse entstanden ist. Eier nach und nach unterrühren (jedes Ei etwa ½ Minute).

2 Mehl mit Backin mischen, sieben und in 2 Portionen auf mittlerer Stufe unterrühren. Den Teig in eine Gugelhupfform (Ø 22 cm, gefettet, gemehlt) geben und glatt streichen. Die Form auf dem Rost in den Backofen schieben.

Ober-/Unterhitze: etwa 170 °C (vorgeheizt, unteres Drittel)
Heißluft: etwa 150 °C (nicht vorgeheizt)
Gas: etwa Stufe 2 (nicht vorgeheizt)
Backzeit: etwa 55 Minuten.

3 Kuchen in der Form etwa 10 Minuten stehen lassen. Dann den Kuchen auf einen Kuchenrost stürzen und erkalten lassen.

4 Zum Besprenkeln Schokolade in Stücke brechen und in einen kleinen Gefrierbeutel geben, ihn gut verschließen, in ein warmes Wasserbad hängen und die Schokolade darin auflösen.

5 Anschließend den Beutel trockentupfen und etwas durchkneten. Eine kleine Ecke des Beutels abschneiden und die Schokolade über den Kuchen sprenkeln. Grümmel-Kandis darüber streuen.

Tipp:
Anstelle von Grümmel-Kandis können Sie auch Krokant verwenden.
Der Kuchen kann ohne Guss eingefroren werden.

Zubereitungszeit:
20 Minuten, ohne Abkühlzeit
Backzeit: etwa 55 Minuten

Insgesamt:
E: 95 g, F: 347 g, Kh: 489 g,
kJ: 22802, kcal: 5445

Cremig gefüllte Gugelhupfe

Köstliche Cremes geben leckeren Napfkuchen eine ganz besonders festliche Note.

Fruchtig | *Himbeer-Vanille-Kuchen*

Für den Rührteig:
- 100 g Marzipan-Rohmasse
- 50 g Zartbitterschokolade
- 100 g weiche Butter oder Margarine
- 75 g Zucker
- 1 Pck. Dr. Oetker Finesse Bourbon-Vanille-Aroma
- 2 Eier (Größe M)
- 100 g Weizenmehl
- 1 gestr. TL Dr. Oetker Backin
- 50 g abgezogene, gemahlene Mandeln

Für die Füllung:
- 50 g Zartbitterschokolade
- 150–200 g Himbeeren
- 125 g Crème double
- 1 Pck. Quarkfein Vanille-Geschmack (Dessertpulver)
- 150 g Naturjoghurt
- 1 Pck. Dr. Oetker Sahnesteif

1 Für den Teig Marzipan in kleine Stückchen schneiden. Schokolade in kleine Stücke hacken. Marzipan mit Butter oder Margarine in eine Rührschüssel geben und mit Handrührgerät mit Rührbesen auf höchster Stufe geschmeidig rühren. Nach und nach Zucker und Aroma unterrühren. So lange rühren, bis eine gebundene Masse entstanden ist.

2 Eier nach und nach unterrühren (jedes Ei etwa ½ Minute). Mehl mit Backin mischen, sieben, mit den Mandeln mischen und in 2 Portionen auf mittlerer Stufe unterrühren. Zuletzt die gehackte Schokolade unterheben. Teig in eine Gugelhupfform (Ø 18 cm, gefettet, gemehlt) geben und gleichmäßig verteilen. Die Form auf dem Rost in den Backofen schieben.

Ober-/Unterhitze: etwa 180 °C (vorgeheizt, unteres Drittel)
Heißluft: etwa 160 °C (nicht vorgeheizt)
Gas: Stufe 2–3 (nicht vorgeheizt)
Backzeit: etwa 55 Minuten.

3 Kuchen 10 Minuten in der Form stehen lassen, dann auf einen Kuchenrost stürzen und erkalten lassen. Anschließend den Kuchen zweimal waagerecht durchschneiden.

4 Für die Füllung Schokolade fein hacken. Himbeeren verlesen, etwa 10 größere Beeren zum Garnieren beiseite legen. Crème double und Quarkfein in eine Schüssel geben und mit Handrührgerät mit Rührbesen steif schlagen. Joghurt und Sahnesteif unterrühren und zuletzt Himbeeren und gehackte Schokolade unterheben.

5 Die Füllung in einen Spritzbeutel mit großer Lochtülle (Ø etwa 12 mm) füllen. Den unteren Boden auf eine Tortenplatte legen. Ein Drittel der Himbeersahne darauf spritzen, den mittleren Boden auflegen, leicht andrücken und mit der Hälfte der übrigen Sahne füllen.

6 Oberen Boden auflegen, leicht andrücken und den Kuchen mit der restlichen Sahne verzieren und mit den Himbeeren garnieren.

Tipp:
Wenn es schnell gehen soll, schmeckt der Kuchen auch ohne Füllung sehr gut. Wenn Sie keinen Spritzbeutel haben, geben Sie die Füllung in einen Gefrierbeutel und schneiden Sie eine Ecke ab.
Der Kuchen lässt sich ohne Füllung gut einfrieren.

Zubereitungszeit:
50 Minuten, ohne Abkühlzeit
Backzeit: etwa 55 Minuten

Insgesamt:
E: 66 g, F: 255 g, Kh: 316 g,
kJ: 16065, kcal: 3839

After-Eight®-Gugelhupf Beliebt

Für den Rührteig:

300 g weiche Butter oder Margarine
275 g Zucker
1 Pck. Dr. Oetker Vanillin-Zucker
1 Fläschchen Rum-Aroma
1 Prise Salz
5 Eier (Größe M)
375 g Weizenmehl
4 gestr. TL Dr. Oetker Backin
etwa 3 EL Milch

Für die Füllung:

12 After-Eight®-Täfelchen
2 Pck. Paradiescreme Vanille-Geschmack (Dessertpulver)
200 ml kalte Schlagsahne
100 ml kalte Milch

Zum Garnieren:

8 After-Eight®-Täfelchen

Zubereitungszeit:
60 Minuten, ohne Abkühlzeit
Backzeit: etwa 55 Minuten

Insgesamt:
E: 92 g, F: 388 g, Kh: 787 g,
kJ: 29373, kcal: 7006

1 Für den Teig Butter oder Margarine in einer Rührschüssel mit Handrührgerät mit Rührbesen auf höchster Stufe geschmeidig rühren. Nach und nach Zucker, Vanillin-Zucker, Aroma und Salz unterrühren. So lange rühren, bis eine gebundene Masse entstanden ist.

2 Eier nach und nach unterrühren (jedes Ei etwa ½ Minute). Mehl mit Backin mischen, sieben und in 2 Portionen abwechselnd mit der Milch auf mittlerer Stufe unterrühren. Den Teig in eine Gugelhupfform (Ø 22 cm, gefettet, gemehlt) füllen, glatt streichen und die Form auf dem Rost in den Backofen schieben.

Ober-/Unterhitze: etwa 180 °C (vorgeheizt, unteres Drittel)
Heißluft: etwa 160 °C (nicht vorgeheizt)
Gas: Stufe 2–3 (nicht vorgeheizt)
Backzeit: etwa 55 Minuten.

3 Den Kuchen 10 Minuten in der Form abkühlen lassen, dann auf einen Kuchenrost stürzen und erkalten lassen.

4 Für die Füllung 12 Minztäfelchen klein schneiden. Paradiescreme in einer Rührschüssel nach Packungsanleitung, aber nur mit 200 ml Schlagsahne und 100 ml Milch aufschlagen. Zum Schluss die Minzstückchen unterrühren.

5 Den Gugelhupf dreimal waagerecht durchschneiden. Die 3 unteren Böden mit insgesamt gut der Hälfte der Füllung bestreichen und alle Böden wieder zu einem Kranz zusammensetzen. Übrige Füllung in einen Gefrierbeutel füllen, eine Ecke abschneiden und den Gugelhupf von oben nach unten (pro Stück) verzieren.

6 Zum Garnieren die Minztäfelchen diagonal halbieren und dekorativ auf den Gugelhupf setzen. Den Gugelhupf bis zum Servieren kalt stellen.

Tipp:

Falls sich das Gebäck nach dem Backen nicht leicht aus der Form lösen sollte, die Backform kurz auf der Arbeitsfläche aufschlagen.
Der Kuchen lässt sich ohne Füllung gut einfrieren.

® Société des Produits Nestlé S.A

Mandarinen-Haselnuss-Kuchen
Fruchtig

Für den Rührteig:
- 50 g Marzipan-Rohmasse
- 75 g weiche Butter oder Margarine
- 100 g Zucker
- 1 Pck. Dr. Oetker Vanillin-Zucker
- 1 Prise Salz
- 2 Tropfen Butter-Vanille-Aroma
- 2 Eier (Größe M)
- 100 g Weizenmehl
- ½ gestr. TL Dr. Oetker Backin
- 50 g gemahlene Haselnusskerne
- 50 g Haselnuss-Krokant

Für die Füllung:
- 1 Dose Mandarinen (Abtropfgewicht 175 g)
- 200 ml Schlagsahne
- 1 Pck. Dr. Oetker Vanillin-Zucker
- 1 Pck. Dr. Oetker Sahnesteif

Zubereitungszeit: 50 Minuten, ohne Abkühlzeit
Backzeit: etwa 55 Minuten

Insgesamt:
E: 45 g, F: 198 g, Kh: 303 g,
kJ: 13306, kcal: 3176

1 Für den Teig Marzipan in sehr kleine Stücke schneiden. Butter oder Margarine und Marzipan in einer Rührschüssel mit Handrührgerät mit Rührbesen geschmeidig rühren. Nach und nach Zucker, Vanillin-Zucker, Salz und Aroma unterrühren. So lange rühren, bis eine gebundene Masse entstanden ist.

2 Eier nach und nach unterrühren (jedes Ei etwa ½ Minute). Mehl mit Backin mischen, sieben, mit den Haselnusskernen und dem Krokant mischen und kurz auf mittlerer Stufe unterrühren. Teig in eine Gugelhupfform (Ø 16 cm, gefettet, gemehlt) füllen und glatt streichen. Die Form auf dem Rost in den Backofen schieben.

Ober-/Unterhitze: etwa 170 °C (vorgeheizt, unteres Drittel)
Heißluft: etwa 150 °C (nicht vorgeheizt)
Gas: etwa Stufe 2 (nicht vorgeheizt)
Backzeit: etwa 55 Minuten.

3 Den Kuchen 10 Minuten in der Form stehen lassen, dann auf einen Kuchenrost stürzen und erkalten lassen. Anschließend den Kuchen zweimal waagerecht durchschneiden.

4 Für die Füllung Mandarinen in einem Sieb gut abtropfen lassen, 10 Mandarinenfilets zum Garnieren beiseite legen. Sahne mit Vanillin-Zucker und Sahnesteif steif schlagen und die abgetropften Mandarinen mit Handrührgerät mit Rührbesen unterrühren, so dass die Mandarinen stückig zerreißen.

5 Die Füllung in einen Spritzbeutel mit großer Stern- oder Lochtülle (Ø etwa 12 mm) füllen. Den unteren Boden auf eine Tortenplatte legen und gut ein Drittel der Mandarinencreme gleichmäßig darauf verteilen.

6 Den mittleren Boden auflegen, leicht andrücken und mit der Hälfte der übrigen Creme füllen. Oberen Boden auflegen, leicht andrücken und den Kuchen mit der restlichen Creme verzieren und mit den beiseite gelegten Mandarinenfilets garnieren.

Tipp:
Zum leichteren Stürzen des Kuchens die Form mehrmals auf die Arbeitsfläche klopfen. Der Kuchen ist ohne Füllung gefriegeeignet; er schmeckt auch ohne Füllung sehr gut. Wenn Sie keinen Spritzbeutel haben, geben Sie die Füllung in einen Gefrierbeutel und schneiden eine Ecke ab.

Stracciatella-Cappuccino-Kranz
Raffiniert

Für den Rührteig:
- 100 g Cappuccino- oder Mokka-Schokolade
- 250 g weiche Butter oder Margarine
- 200 g Zucker
- 1 Pck. Dr. Oetker Vanillin-Zucker
- 1 Prise Salz
- 4 Eier (Größe M)
- 250 g Weizenmehl
- 1 Pck. Gala Pudding-Pulver Bourbon-Vanille
- 1 Pck. Dr. Oetker Backin
- 100 ml Milch

Zum Tränken:
- 4 EL Instant-Cappuccino-Pulver
- 4 EL heißes Wasser

Für die Füllung:
- 1 Pck. Stracciatella-Creme (Dessertpulver)
- 200 ml kalte Schlagsahne

1 Für den Teig Schokolade hacken. Butter oder Margarine in einer Rührschüssel mit Handrührgerät mit Rührbesen auf höchster Stufe geschmeidig rühren. Nach und nach Zucker, Vanillin-Zucker und Salz unterrühren. So lange rühren, bis eine gebundene Masse entstanden ist.

2 Eier nach und nach unterrühren (jedes Ei etwa ½ Minute). Mehl mit Pudding-Pulver und Backin mischen, sieben und in 2 Portionen abwechselnd mit der Milch auf mittlerer Stufe unterrühren. Zuletzt Schokolade unterheben.

3 Den Teig in eine Gugelhupfform (Ø 24 cm, gefettet, gemehlt) geben und glatt streichen. Die Form auf dem Rost in den Backofen schieben.

Ober-/Unterhitze: etwa 180 °C (vorgeheizt, unteres Drittel)
Heißluft: etwa 160 °C (nicht vorgeheizt)
Gas: Stufe 2–3 (nicht vorgeheizt)
Backzeit: etwa 50 Minuten.

4 Zum Tränken Cappuccino-Pulver mit dem heißen Wasser verrühren. Kuchen 10 Minuten in der Form auf einem Kuchenrost stehen lassen. Dann den Kuchen mehrmals mit einem Holzstäbchen einstechen, mit Hilfe eines Backpinsels mit Cappuccino tränken. Kuchen in der Form erkalten lassen. Anschließend den Kuchen stürzen und zweimal waagerecht durchschneiden.

5 Für die Füllung Creme nach Packungsanleitung, aber nur mit 200 ml Schlagsahne aufschlagen. Die Creme in einen Spritzbeutel mit Sterntülle (Ø etwa 10 mm) füllen und mit einem Teil der Creme den oberen Boden verzieren. Übrige Füllung auf den unteren und mittleren Boden spritzen. Die Böden aufeinander setzen und den Kuchen nach Belieben mit Schokostreuseln garnieren.

Tipp:
Sie können den Kuchen auch in einer Springform mit Rohrboden (Ø 24 cm) backen. Dann den Kuchen jedoch nur einmal waagerecht durchschneiden.
Anstelle von Stracciatella-Creme (Dessertpulver) können Sie auch Mousse à la Vanille (Dessertpulver) verwenden und 2-3 Esslöffel Zartbitter-Raspelschokolade unterheben.

Zubereitungszeit: 40 Minuten, ohne Abkühlzeit
Backzeit: etwa 50 Minuten

Insgesamt:
E: 83 g, F: 346 g, Kh: 568 g,
kJ: 23938, kcal: 5710

Kapitelregister

Gugelhupf aus Hefeteig, klassisch 52
Zwieback-Kuchen 54
Westfälischer Napfkuchen mit Glühweinsirup .56
Schoko-Mandel-Hupf mit Preiselbeeren 58
Napfkuchen mit Frischkäse 60
Mozarthupf 62

Fruchtige Gugelhupfe

Saftiger Apfel-Mandel-Kuchen 9
Früchte-Gugelhupf 10
Birnen-Cranberry-Kuchen 12
Orangen-Gugelhupf 14
Studentenfutter-Hupf 16
Mandarinen-Käsekuchen 18
Preiselbeer-Gugelhupf 20
Whisky-Früchtekuchen 22
Walnuss-Trauben-Kuchen 24
Schoko-Kirsch-Napfkuchen 26
Saftiger Bananenhupf 28
Stachelbeer-Napfkuchen 30
Aprikosen-Quark-Gugelhupf 32

Für die lieben Kleinen

Honigsüßes Maisgebäck 65
Brownie-Gugelhupf 66
Kleiner Erdnusshupf 68
Feiner Napfkuchen mit Schokoguss 70
Knusprige Schoko-Gugelhupfe 72
Bunter gefüllter Gugelhupf 74
Dracula-Gugelhupf 76
Schoko-Kokos-Kuchen 78
Karamell-Gugelhupf 80
Süßer Honighupf .82

Variantenreiche Klassiker

Kakao-Sandkuchen 35
Gugelhupf aus Rührteig, klassisch 36
Kuchen in Schwarz-Weiß 38
Glühweinkuchen .40
Mohnrolle 42
Elsässischer Gugelhupf 44
Buntes Marmorkuchen-Dreierlei 46
Patzerlgugelhupf .48
Eierlikörkuchen 50

Cremig gefüllte Gugelhupfe

Himbeer-Vanille-Kuchen 85
After-Eight®-Gugelhupf 86
Kaffee-Biskuit-Kuchen 88
Mandarinen-Haselnuss-Kuchen 90
Stracciatella-Cappuccino-Kranz 92

Alphabetisches Register

A

After-Eight®-Gugelhupf 86
Apfel-Mandel-Kuchen, saftiger 9
Aprikosen-Quark-Gugelhupf 32

B

Bananenhupf, saftiger 28
Birnen-Cranberry-Kuchen 12
Brownie-Gugelhupf 66
Bunter gefüllter Gugelhupf 74
Buntes Marmorkuchen-Dreierlei 46

D

Dracula-Gugelhupf 76

E

Eierlikörkuchen 50
Elsässischer Gugelhupf 44
Erdnusshupf, kleiner 68

F

Feiner Napfkuchen mit Schokoguss 70
Früchte-Gugelhupf 10

G

Glühweinkuchen 40
Gugelhupf aus Hefeteig, klassisch 52
Gugelhupf aus Rührteig, klassisch 36
Gugelhupf, bunter gefüllter 74
Gugelhupf, elsässischer 44

H

Himbeer-Vanille-Kuchen 85
Honigsüßes Maisgebäck 65
Honighupf, süßer 82

K

Kaffee-Biskuit-Kuchen 88
Kakao-Sandkuchen 35
Karamell-Gugelhupf 80
Kleiner Erdnusshupf 68
Knusprige Schoko-Gugelhupfe 72
Kuchen in Schwarz-Weiß 38

M

Maisgebäck, honigsüßes 65
Mandarinen-Haselnuss-Kuchen 90
Mandarinen-Käsekuchen 18
Marmorkuchen-Dreierlei, buntes 46
Mohnrolle 42
Mozarthupf 62

N

Napfkuchen mit Frischkäse 60
Napfkuchen mit Glühweinsirup, westfälischer .56
Napfkuchen mit Schokoguss, feiner 70

O

Orangen-Gugelhupf 14

P

Patzerlgugelhupf 48
Preiselbeer-Gugelhupf 20

S

Saftiger Apfel-Mandel-Kuchen 9
Saftiger Bananenhupf 28
Schoko-Gugelhupfe, knusprige 72
Schoko-Kirsch-Napfkuchen 26
Schoko-Kokos-Kuchen 78
Schoko-Mandel-Hupf mit Preiselbeeren 58
Stachelbeer-Napfkuchen 30
Stracciatella-Cappuccino-Kranz 92
Studentenfutter-Hupf 16
Süßer Honighupf 82

W

Walnuss-Trauben-Kuchen 24
Westfälischer Napfkuchen mit Glühweinsirup .56
Whisky-Früchtekuchen 22

Z

Zwieback-Kuchen 54

Umwelthinweis	Dieses Buch und der Einband wurden auf chlorfrei gebleichtem Papier gedruckt. Die Einschrumpffolie – zum Schutz vor Verschmutzung – ist aus umweltfreundlichem und recyclingfähigem PE-Material.
	Wenn Sie Anregungen, Vorschläge oder Fragen zu unseren Büchern haben, rufen Sie uns unter folgender Nummer an an 0521 155-2580 oder 520651 oder schreiben Sie uns: Dr. Oetker Verlag KG, Am Bach 11, 33602 Bielefeld oder besuchen Sie uns im Internet unter www.oetker.de.
Wir danken für die freundliche Unterstützung	Nestlé Deutschland, Frankfurt/Main Seeberger, Ulm
Copyright	© 2005 by Dr. Oetker Verlag KG, Bielefeld
Redaktion	Sabine Puppe
Titelfoto	Thomas Diercks, Hamburg
Innenfotos	Brigitte Wegner, Bielefeld (S. 4/5, 8, 13, 17, 19, 23, 25, 29, 34, 39–43, 47, 53, 55, 59, 64, 69, 73, 77, 79, 83, 85, 88–93) Walter Cimbal (S. 45) Thomas Diercks, Hamburg (S. 11, 15, 21, 27, 31, 33, 37, 49, 57, 61, 71, 75, 81) Kramp & Gölling, Hamburg (S. 63) Ulli Hartmann, Bielefeld (S. 67) Bernd Lippert (S. 51) Axel Struwe, Bielefeld (S. 87)
Rezeptentwicklung und -beratung	Dr. Oetker Versuchsküche, Bielefeld
Nährwertberechnungen	Nutri Service, Hennef
Grafisches Konzept	M·D·H Haselhorst, Bielefeld
Gestaltung	M·D·H Haselhorst, Bielefeld
Titelgestaltung	kontur:design, Bielefeld
Reproduktionen	Kruse Reproduktionen, Vreden
Satz	Typografika, Bielefeld
Druck und Bindung	APPL Druck, Wemding
	Die Autoren haben dieses Buch nach bestem Wissen und Gewissen erarbeitet. Alle Rezepte, Tipps und Ratschläge sind mit Sorgfalt ausgewählt und geprüft. Eine Haftung des Verlages und seiner Beauftragten für alle erdenklichen Schäden an Personen, Sach- und Vermögensgegenständen ist ausgeschlossen.
	Nachdruck, auch auszugsweise, nur mit ausdrücklicher Genehmigung und Quellenangabe gestattet.

ISBN 3-7670-0830-0